CONSIDERATIONS

SUR LA POSSIBILITÉ,

L'INTÉRÊT ET LES MOYENS

QU'AUROIT LA FRANCE

DE R'OUVRIR L'ANCIENNE ROUTE

DU COMMERCE DE L'INDE.

CONSIDÉRATIONS

SUR LA POSSIBILITÉ,

L'INTÉRÊT ET LES MOYENS

QU'AUROIT LA FRANCE

DE R'OUVRIR L'ANCIENNE ROUTE

DU COMMERCE DE L'INDE;

Accompagnées de recherches sur l'Isthme
de Suès, et sur la jonction de la mer
Rouge à la Méditerranée.

PAR LE Cᵉⁿ. DELPUECH-COMEIRAS.

A PARIS,

Chez DEBRAY, libraire, au palais Egalité, galerie
de bois, n°. 235.

Et chez LARAN, libraire, au palais Egalité, galerie
de bois, n°. 245.

AN VI.

CONSIDÉRATIONS

Sur la possibilité, l'intérêt et les moyens qu'auroit la France de r'ouvrir l'ancienne route du commerce de l'Inde ; accompagnées de recherches sur l'Isthme de Suès et sur la jonction de la mer Rouge à la Méditerranée.

LE commerce est fondé sur la nécessité où sont les hommes d'échanger le superflu de ce qu'ils ont, contre les choses dont ils manquent. Dans la naissance et l'état primitif de la société, les besoins des hommes sont en si petit nombre, et leurs désirs si limités, qu'ils se contentent aisément des productions naturelles de leur climat et de leur sol, et de ce qu'ils peuvent y ajouter par leur simple et grossière industrie. Ils n'ont rien de superflu à donner, rien de nécessaire à demander. Chaque petite communauté subsiste du fonds qui lui appartient ; et satisfaite de ce qu'elle pos-

A

sède, ou elle ne connoît point les états qui l'environnent, où elle est en querelle avec eux.

On conçoit que le commerce primitif n'a d'abord existé qu'entre les membres de la même association, puisqu'il ne pouvoit porter que sur un petit nombre d'objets bornés aux produits de leur territoire. Mais dans les sociétés policées, le commerce est devenu plus compliqué, et a pris une plus grande importance, depuis que l'invention des arts a étendu les jouissances, multiplié les besoins, agrandi la population, augmenté la variété des professions et la difficulté des subsistances. Le commerce a excité les arts, qui, à leur tour, ont facilité le commerce. C'est par le commerce que les bienfaits de la nature sur toute la surface du globe, sont devenus communs à tous les peuples. Il a servi à éclairer les nations, à adoucir leurs mœurs par l'intérêt de ces communications régulières ; et si la soif de l'or a fait souvent du commerce, ainsi que des autres in-

ventions des hommes, un instrument de
leurs vices, et leur a causé tant de
maux, il ne faut l'imputer qu'aux erreurs
de la cupidité, car ce n'est jamais que
par un faux calcul que la bonne foi, l'humanité, la bienfaisance sont séparées des
entreprises destinées à rendre l'homme
plus heureux. Il est dans la nature que
toutes ses productions soient le partage
de tout le genre humain, et qu'il employe, pour en jouir, l'intelligence et
les facultés qui le caractérisent.

Ce fut dans les douces et fertiles régions de l'Orient, que l'homme commença à s'élever aux premières notions
du commerce, et tant par le reste des
sciences qui y furent anciennement cultivées, que par les débris des arts qui
y furent pratiqués, l'on peut conjecturer que c'est un des premiers pays où
les hommes aient fait quelque progrès
considérable dans cette carrière. On vanta
de bonne heure la sagesse de l'Orient,
et ses productions furent très-anciennement recherchées par les nations éloignées.   A 2

Cependant, les communications d'un pays à l'autre furent d'abord très-bornées, et n'eurent lieu que par terre. Mais peu-à-peu, consultant tout-à-la-fois et leur sûreté et leur commodité, un grand nombre de marchands firent ensemble, pour trafiquer, des voyages dont la longueur et la durée étonnèrent les peuples qui n'étoient pas accoutumés à cette manière de commercer.

Mais, quelque perfection que l'on pût mettre dans cette manière de voiturer par terre les productions d'un pays à l'autre, les inconvéniens qui l'accompagnoient, étoient trop évidens et trop inévitables. Le danger quelquefois, la dépense, l'ennui, la fatigue, en étoieut toujours la suite : on chercha un moyen de communication plus aisé et plus expéditif. Le génie inventeur de l'homme ne tarda pas à s'apercevoir que les rivières, les bras de mer, et l'Océan lui-même étoient destinés à ouvrir et à faciliter les rapports des différentes régions de la terre, entre lesquelles ils paroissent

d'abord avoir été placés comme des bar-
rières insurmontables. Que d'efforts,
que d'épreuves n'a-t-il pas fallu faire !
Quel travail et quelle force d'invention
n'a-t-il pas fallu, avant que cette pé-
nible et importante entreprise pût être
exécutée même pour la première fois !

Si l'on en croit les plus anciens historiens, c'est sur la Méditerranée et dans
le Golfe arabique que se firent les premiers efforts de la navigation, et que
le commerce maritime, encore dans son
enfance, déploya sa première activité.
C'est sur le bord de ces mers que fut
construit le premier radeau ou l'humble
canot qui servit à transporter une car-
gaison considérable à une côte éloignée.
D'après la position et la forme de ces
deux grandes mers intérieures, il n'est
pas difficile d'ajouter foi à de tels faits.
Par elles nous sont ouverts les continens
de l'Europe, de l'Asie, et de l'Afrique ;
et s'étendant au loin le long des contrées les plus fertiles et les mieux cultivées de chacune de ces deux parties

A 3

du monde, elles semblent avoir été destinées par la nature à faciliter la communication de l'une à l'autre. Aussi voit-
on que les premiers voyages des Égyptiens, les plus anciens navigateurs dont
l'histoire fasse mention, se firent sur la
Méditerranée ; ils ne bornèrent pourtant
pas long-temps leur commerce aux pays
situés sur ces côtes : en se rendant maîtres de bonne heure des ports semés
dans l'enceinte du Golfe arabique, ils
étendirent la sphère de leur commerce,
et l'on en parle comme des premiers
peuples occidentaux qui s'ouvrirent par
mer une communication avec l'Inde. Le
commerce eut chez ce peuple l'influence
qu'il a eue par-tout ; il éveilla la curio-
sité, il agrandit les idées et les désirs
des hommes, et les excita aux grandes
entreprises. Les canaux nombreux qu'ils
firent creuser, avoient un double objet,
celui de répandre la fertilité avec les
eaux du Nil, et celui de transporter avec
facilité les productions du pays d'un bout
à l'autre de l'empire : les foires qu'ils

établirent dans le Delta et la Thébaïde ,
réunissoient les habitans des provinces
les plus éloignées ; chacun y apportoit
le fruit de son industrie , et par des
échanges mutuels la nation entière jouissoit des inventions des arts et des productions de tout le royaume ; le charme
des voyages sur l'eau , la fraîcheur
qu'on y respire , la beauté des rives du
fleuve , la nécessité de naviguer pendant
l'inondation, rendirent les Égyptiens ma-
rins , et l'on ne peut se refuser à croire
que les premières barques sur lesquelles
les hommes osèrent se confier à l'incons-
tance des flots , furent construites en
Égypte.

Dans l'état d'imperfection où étoient
la science et la pratique de la navigation , c'étoit une entreprise aussi difficile
que dangereuse de se porter dans des
régions lointaines. L'activité du commerce lutta contre tous ces obstacles ;
les Égyptiens , peu de temps après la
fondation de leur monarchie, établirent ,
dit-on , un trafic entre le Golfe arabique

ou la mer Rouge et la côte occidentale
du grand continent de l'Inde. Les marchandises qu'ils tiroient de l'Orient,
étoient transportées par terre du Golfe
arabique jusqu'au bord du Nil, et descendoient cette rivière jusqu'à la Méditerranée. Les Égyptiens doivent donc
être regardés comme un des plus anciens
peuples navigateurs. Ils voyageoient sur
la mer Rouge bien avant la fameuse expédition des Argonautes. Danaüs porta
dans la Grèce encore barbare l'art de
la navigation et du commerce. Sésostris,
pendant le cours de ses conquêtes, avoit
fondé diverses colonies. L'une d'elles se
fortifioit sur la côte de Phénicie. Tyr
élevoit ses remparts, abattoit les cèdres
du Liban, pour construire des vaisseaux,
et se préparoit à disputer à la mère
patrie la gloire de la navigation et les
profits du commerce. Les Phéniciens
ont été le peuple le plus frugal et le
plus industrieux du monde ; il peupla
de colonies les côtes d'Asie et d'Afrique,
mais il ne déshonora point son com-

merce par un esprit de conquête et de brigandage : il ne dut ses richesses qu'à son industrie , et fut utile à toutes les nations, sans faire le malheur d'aucune.

L'Égypte commerçante parvint bientôt à un haut degré de puissance , qui lui permit d'élever de toutes parts ces statues colossales , ces temples , ces obélisques que l'on ne peut contempler sans admiration. Les richesses immenses qu'ils acquirent, excitèrent leurs voisins à entreprendre d'en partager les bénéfices. La Grèce, éclairée par les grands hommes qui s'étoient instruits à l'école de Memphis et d'Héliopolis . s'étoit partagée en diverses républiques.. Les formes les plus parfaites d'un gouvernement libre s'y établirent, et plusieurs s'adonnèrent au commerce avec tant d'ardeur et de succès, qu'elles furent regardées, par les anciens, comme des puissances maritimes du premier ordre. Psamméticus , ami des Grecs, leur ouvrit les ports de l'Égypte : Nécos, son fils , tenta de faire communiquer le Nil avec la mer Rouge. Les grands obs-

tacles qu'il éprouva, la perte d'une mul-
titude d'ouvriers, le firent renoncer à
ce projet : il forma une autre entreprise ;
il arma des vaisseaux à Suès, dont il
confia le commandement à des capitaines
phéniciens, et leur ordonna de faire le
tour de l'Afrique. Ces habiles navigateurs
sortirent du Golfe arabique, doublèrent
le cap de Bonne-Espérance, remon-
tèrent vers le nord, et après trois ans
de navigation, arrivèrent aux Colonnes
d'Hercule, d'où ils revinrent en Égypte.
C'est la première fois qu'on ait fait le
tour de ce grand continent. Les difficultés d'un si long voyage, dans un
temps où les vaisseaux étoient obligés
de ne pas perdre les côtes de vue, firent
renoncer à cette route ; on se contenta
de naviguer dans la Méditerranée et
l'Océan indien. La marine d'Égypte étoit
alors la plus puissante du monde, et
cette contrée la plus riche de la terre.

L'Égypte jouissoit de cet état florissant, lorsque Cambyse vint l'attaquer
avec des armées innombrables. Ivre de

sa victoire, ce farouche conquérant dé-
truisit tous les établissemens, et laissa
sur les monumens qu'il ne put renverser,
des marques barbares qui subsistent
encore de nos jours. Le commerce souf-
frit de ses excès, mais l'impulsion étoit
donnée, et malgré les entraves qu'on
lui opposa, il suivit son cours. Darius,
fils d'Histaspe, qui en connoissoit l'utilité, lui rendit sa première vigueur ; il
voulut même continuer le canal commencé par Nécos, et ne cessa l'entreprise que sur le faux avis qu'on lui donna
que la mer Rouge, plus haute que la
Méditerranée, inonderoit l'Égypte.

Dans le siècle suivant, un prince né
avec un caractère impétueux, un génie
élevé, et un caractère indomptable, mais
dont l'esprit avoit été cultivé par un
philosophe, et dont les vues ambitieuses
embrassoient l'empire du monde, ne
voulut pas le conquérir pour le détruire.
A l'aspect d'une région située entre deux
mers, dont l'une est la porte de l'orient,
et l'autre est la porte de l'occident,

Alexandre forma le projet de placer le
siége de son empire en Égypte, et d'en
faire le centre du commerce de l'univers.
Ce prince, le plus éclairé des conquérans,
comprit que s'il y avoit un moyen de
cimenter l'union des conquêtes qu'il avoit
faites, et de celles qu'il se proposoit,
c'étoit dans un pays que la nature semble
avoir attaché, pour ainsi dire, à la jonction de l'Afrique et de l'Asie, pour les
lier avec l'Europe. Les Romains con-
quirent tout pour tout détruire; il voulut
tout conquérir pour tout conserver. Sa
main se fermoit pour les dépenses pri-
vées ; elle s'ouvroit pour les dépenses
publiques.

L'Égypte avoit besoin d'un port; il
devoit être vaste et d'un abord facile.
Les bouches du Nil n'offroient aucun de
ces avantages. Le seul port qui fût sur
cette côte, placé à douze lieues du fleuve,
dans un désert, ne pouvoit être a-
perçu que par la sagacité d'Alexandre.
Il falloit y bâtir une ville ; ce fut lui qui
en dessina le plan : à quel degré de

splendeur Alexandrie ne fut - elle pas portée dès sa naissance ? Jointe au Nil par un canal navigable et utile à la culture, elle devint la ville de toutes les nations, la métropole du monde. Le commerce en honore encore les cendres que les siècles de barbarie ont accumulées sur elle. Ces cendres n'attendent qu'une main bienfaisante qui les disperse, pour cimenter la reconstruction du plus vaste édifice que l'esprit humain ait jamais conçu.

Ses ruines offrent à chaque pas le témoignage de son ancienne gloire ; et le manteau macédonien que son enceinte représente, en rappelant le fondateur, semble en avoir imposé aux barbares, dans les différens saccagemens de cette ville. Les mêmes murailles qui garantissoient son industrie et ses richesses, défendent encore aujourd'hui ses ruines et présentent un chef-d'œuvre de maçonnerie.

La mort prématurée du plus grand capitaine que l'histoire et la fable aient transmis à l'admiration des hommes , n'ensevelit pas ses grandes vues ; elles furent recueillies par Ptolémée , celui de ses lieutenans qui , dans le partage de la plus magnifique dépouille que l'on connoisse , s'appropria l'Égypte. Sous le regne de ce nouveau souverain et de ses premiers successeurs le commerce prit des accroissemens immenses. Alexandrie servit au débouché des marchandises qui venoient de l'Inde ; on mit , sur la mer Rouge , le port d'Arsinoë en état de les recevoir.

Dans les différens travaux qui ont illustré l'ancienne Égypte , le canal de communication entre la mer Rouge et la Méditerranée , par l'intermède du Nil, mériteroit la première place , si les efforts du génie en faveur de l'utilité publique, étoient secondés par les générations destinées à en jouir , et si les fondemens de l'édifice social pouvoient acquérir la même solidité que les préjugés qui tendent à les détruire. Voilà cependant l'abrégé de l'histoire ; elle n'offre que ce tableau : c'est celui de toutes les nations, celui de tous les siècles.

Les opinions les moins fondées, mais qui prévalent presque toujours sur les observations les mieux faites, ont établi assez généralement des doutes sur l'existence de ce canal ; on en a nié jusqu'à la possibilité. Cependant, on en retrouve encore aujourd'hui toutes les traces. Le radier sur lequel les écluses étoient établies, a été découvert près de Suès à l'entrée du canal qui existe encore, et qu'un léger travail rendroit navigable, sans menacer l'Égypte d'inondation. Rien ne peut, en effet, justifier la crainte des ingénieurs de Darius, lors même que leur nivellement eût été pris au moment des plus hautes marées. Il n'est pas moins important d'observer que toute cette partie de l'Isthme offre le terrein le plus favorable aux excavations, dans le petit espace de douze lieues qui sépare le Golfe arabique du bras du Nil, qui s'en approche, et se jette ensuite dans la Méditerranée, à Tineck.

Ptolémée Philadelphe, ou mieux instruit du niveau des terres , ou plus heureux que Necos et Darius , continua le
canal qui devoit joindre la mer Rouge
au Nil , et eut la gloire de l'achever. On
parvint à donner à ce canal cinquante
lieues de longueur , vingt-cinq toises de
large , et la profondeur dont pouvoient
avoir besoin les bâtimens destinés à le
parcourir ; il commençoit à la branche
Pélusiaque , et se prolongeoit jusquà
Arsinoë , aujourd'hui Aggerout. Des
écluses ingénieusement construites , et
placées à son embouchure , empêchoient
les eaux , dans les hautes marées , de
s'y précipiter avec trop d'abondance.
On l'avoit fait passer par des lacs qui
l'alimentoient et servoient de relâche
aux bâteaux. Aggerout est aujourd'hui
éloignée de deux lieues du port de Suès:
c'est l'espace dont le Golfe arabique s'est
retiré depuis le règne de Ptolémée Philadelphe. L'histoire ne nous apprend
point si ce canal fut d'une grande res-
source au commerce ; mais , comme il
falloit,

falloit, pour y arriver de l'Océan indien, parcourir la longueur du Golfe arabique, dont l'extrémité est fort étroite et très-dangereuse, Ptolémée ouvrit une autre route aux commerçans. Il fonda, à la hauteur de Syène, et sur les bords de la mer Rouge, une ville à laquelle il donna le nom de Bérenice, sa mère. Il construisit, depuis cette ville jusqu'à Cophtos, des citernes et des hôtelleries où les caravanes trouvoient des rafraîchissemens au milieu des déserts. Le chemin étoit de douze journées au travers des sables brûlans, et Bérenice n'offroit qu'une plage ouverte à tous les vents. Dans la suite, ces inconvéniens déterminèrent les voyageurs à se rendre au port du *Rat*, aujourd'hui *Cosseir*, où ils trouvèrent un bon mouillage.

Un écrivain qui s'est profondément occupé de cet objet, et qui nous sert de guide, dit que quelques-uns des nombreux vaisseaux que ces liaisons avoient fait construire, se bornoient à traiter dans le golfe avec les Arabes et les Abys-

B

sins. Parmi ceux qui tenoient la grande
mer, les uns descendoient à droite vers
le midi, le long des côtes orientales de
l'Afrique, jusqu'à l'île de Madagascar;
les autres montoient à gauche vers le
sein Persique, entroient même dans l'Eu-
phrate, pour négocier avec les habitans
de ses bords, et sur-tout avec les grecs
qu'Alexandre y avoit entraînés dans ses
expéditions. D'autres, plus enhardis encore par la cupidité, reconnoissoient les
bouches de l'Indus, parcouroient la côte
de Malabar, et s'arrêtoient à l'île de
Ceylan, connue des anciens sous le nom
de Taprobane. Enfin, un très-petit
nombre franchissoit le Coromandel, pour
remonter le Gange jusqu'à Palyborn,
la plus célèbre ville de l'Inde par ses
richesses. Ainsi, l'industrie maritime alla
pas à pas, de fleuve en fleuve, et d'un
côté à l'autre, s'approprier les trésors
de la terre la plus fertile en fruits, en
productions, en aromates, en pierreries,
en alimens de luxe et de volupté.

Les Égyptiens portoient aux Indes ce

qu'on y a toujours porté depuis, des étoffes de laine, du fer, du plomb, du cuivre et de l'argent. En échange, ils recevoient de l'ivoire, de l'ébène, de l'écaille, des toiles blanches et peintes, des soieries, des perles, des pierres précieuses, de la canelle, des aromates, et sur-tout de l'encens. C'étoit le parfum le plus recherché. Il servoit au culte des dieux, aux délices des grands. Les ouvriers employés à le préparer, étoient nuds, tant l'avarice craint les larcins de la pauvreté. On leur laissoit seulement autour des reins une ceinture dont le maître de l'attelier scelloit l'ouverture avec son cachet.

Ptolémée Évergètes imita l'exemple de ses prédécesseurs, et fonda sa puissance sur le négoce et la navigation. Pendant son règne, les richesses des Égyptiens montèrent à leur comble. Cette abondance d'or et de biens de tout genre, produisit à Alexandrie un luxe prodigieux, et corrompit la cour des rois. La plupart des hommes gardent leur vertu dans

la médiocrité ; le malheur élève leur ame
et fait briller leur énergie, mais l'excès
de la prospérité les énerve, et en leur
ouvrant la porte du vice, leur ferme celle
du bonheur. Les Ptolémées au faîte de
la puissance, s'abandonnèrent à la mol-
lesse, à la lâcheté et à un débordement
qui influa sur les mœurs des Égyptiens,
car la corruption des états commence
toujours par les grands. Ces faits même
démontrent combien de trésors ils retiroient du commerce, puisqu'au milieu
de leurs dépenses excessives le pays étoit
riche et florissant ; ce n'étoit plus à la
bonne administration de ses rois que
l'Égypte devoit un commerce si étendu ;
mais il avoit été établi sur des fondemens
solides, et lorsqu'ils ne le gênoient pas
avec excès, il suivoit la route qu'on lui
avoit tracée.

Le temps approchoit où la gloire de
ce pays devoit tomber avec l'agriculture
et les arts. L'Égypte passa sous la domination des Romains. Cette conquête fut
pour Rome ce que le Pérou a été pour

l'Espagne, ce que le Bengale est pour l'Angleterre. Elle y répandit l'or et l'argent en si grande abondance, que les terres, les marchandises, les denrées, doublèrent de prix : elle hâta la ruine de cet empire. A mesure que les Romains en reculoient les bornes, ils adoptoient les usages et les vices des peuples conquis. L'Égypte fut de tous les royaumes celui qui influa davantage sur leurs mœurs, parce qu'elle leur procura de plus grandes richesses. Cette influence se fit sentir à la navigation et au commerce, et servit à les perfectionner. Dès que les Romains eurent pris du goût pour les superfluités de l'Orient, le commerce qui se faisoit par l'Égypte, fut poussé avec plus d'activité, et s'étendit au-delà de ses anciennes limites.

Tant qu'ils eurent assez de vertu pour conserver la puissance que leurs ancêtres avoient acquise, l'Égypte contribua beaucoup à soutenir la majesté de l'empire, par les richesses de l'Inde qu'elle y faisoit couler. Mais l'embonpoint du luxe est

une maladie qui annonce la décadence
des forces. Ce grand empire tomba par
sa propre pesanteur. Les barbares y
fondirent avec une impétuosité irrésis-
tible, et le premier effet de l'inondation
dont l'Europe fut couverte, fut de détruire les liens par lesquels la puissance
romaine avoit uni les hommes. Il y eu
cependant une circonstance qui empêch
la cessation entière de toute communi
cation de commerce entre les nation
éloignées. L'Égypte fut annexée à l'em
pire d'Orient, qui se soutint plus long
temps que celui d'Occident, parce qu'
fut attaqué plus tard ou moins fortement
Sa position et ses ressources l'eusser
rendu même inébranlable, si les richesse
pouvoient tenir lieu de courage. Ce fu
dans Constantinople que se conserva l
connoissance des arts des anciens et d
leurs découvertes, et l'usage des mar
chandises de l'Inde continua d'y fleurir
tandis qu'il étoit éteint par-tout ailleur.

L'Égypte soutint long-temps le trôn
chancelant des empereurs de Bysance

Malgré les rigueurs que plusieurs d'entr'eux exercèrent contre elle , le commerce continua de l'enrichir. Elle fournit à ses souverains de grandes ressources contre les barbares qui les attaquèrent à l'envi. Cous , en possession du trafic de l'Inde , fleurit pendant plusieurs siècles , et devint la rivale d'Alexandrie. Les flottes n'avoient point perdu la route du Malabar ; elles alloient y charger les marchandises recherchées dans le reste de l'Europe.

Mais devenue province de l'empire des califes , l'Égypte perdit peu à peu son commerce. Cet événement occasionna une révolution considérable dans celui de l'Inde. Les Grecs furent exclus de toute communication avec Alexandrie ; l'entrée du grand port de cette ville fut même fermée aux peuples de l'Europe , et les nouveaux maîtres de la mer Rouge , satisfaits de leurs nombreuses conquêtes , ne songeoient point à envoyer par aucun des débouchés ordinaires, les marchandises de l'Orient aux

B 4

villes commerçantes de la Méditerranée.
Dans la suite , les soudans d'Égypte
furent si frappés des grands avantages
qui résultoient pour leurs vastes états;
du commerce de l'Inde avec l'Europe,
qu'ils se hâtèrent d'en r'ouvrir toutes
les communications. Quelques villes d'I-
talie en profitèrent avec une ardeur et
une intelligence peu communes dans le
moyen âge. Les négocians italiens , malgré la violente antipathie qui animoit
alors les chrétiens et les mahométans les
uns contre les autres , se rendirent à
Alexandrie , et l'amour du gain leur
faisant supporter l'insolence et les vexa-
tions des Arabes , ils établirent dans ce
port un commerce si lucratif , qu'il n'y
eut plus de mesure à leurs profits.

A cette époque , l'esprit et le goût
des productions agréables de l'Orient ,
acquirent une activité singulière. Amalphi , Venise , Gênes , Pise , qui n'étoient
que des bourgs peu considérables , devinrent des villes riches et peuplées. A
l'imitation des Italiens , les habitans de

Marseille et des autres villes de France, sur la Méditerranée, ouvrirent un commerce avec Alexandrie, et visitèrent quelquefois les ports de Syrie et d'Égypte, dans l'intention de se procurer eux-mêmes les marchandises de l'Inde. Mais la marine des Vénitiens ayant pris des accroissemens rapides, domina seule dans la Méditerranée. Cette république, enrichie par le commerce de la mer Rouge et de l'Inde, sauva l'Italie et fut pendant deux siècles le boulevard de l'Europe.

La découverte d'une nouvelle route à l'Orient, par le cap de Bonne-Espérance, déconcerta toutes ces mesures, et fut l'origine d'un changement total dans le système de communication entre les différentes parties du globe. Ce grand événement, et les suites rapides qu'il eut, causèrent de vives inquiétudes à Venise; elle vit aussitôt que le commerce des Portugais alloit ruiner le sien, et par conséquent sa puissance. Elle fit jouer tous les ressorts que put lui fournir

l'habileté de ses administrateurs. Quelques-uns de ces émissaires intelligens,
qu'elle savoit par-tout acheter et em-
ployer à propos, persuadèrent aux Arabes
fixés dans leur pays, et à ceux qui étoient
répandus dans l'Inde et sur les côtes
orientales de l'Afrique, que leur cause
étant la même que celle de Venise, ils
devoient s'unir avec elle contre une nation
qui venoit s'emparer de la source com-
mune de leurs richesses. Ils engagèrent
le soudan d'Égypte à équiper une flotte
sur la mer Rouge, et à attaquer ces
usurpateurs inattendus d'un monopole
lucratif dont lui et ses prédécesseurs
avoient joui long-temps en paix. Mais
toutes ces mesures vinrent échouer contre
les avantages supérieurs qu'assuroit aux
Portugais, dans l'approvisionnement de
l'Europe, la nouvelle route de communication qu'ils avoient ouverte avec l'O-
rient. Albuquerque, qui étoit à la tête
de la flotte portugaise, combattit glo-
rieusement la marine ottomane, pénétra
dans le Golfe arabique, s'empara de

plusieurs ports , et résolut d'anéantir l'Égypte. Une politique inquiète et cruelle lui fit imaginer des moyens d'arriver à son but , beaucoup plus hardis , mais qu'il croyoit infaillibles : il vouloit que l'empereur d'Éthyopie , qui briguoit la protection du Portugal , détournât le cours du Nil, en lui donnant un passage pour se jeter dans la mer Rouge. L'Égypte seroit alors devenue en grande partie inhabitable , peu propre du moins au commerce. Lui-même , il se proposoit de jeter dans l'Arabie , par le Golfe persique , trois ou quatre cents chevaux qu'il croyoit suffisans pour aller piller Médine et la Mecque ; il pensoit qu'une expédition de cet éclat , rempliroit de terreur les mahométans , et arrêteroit ce prodigieux concours de pélerins , le plus solide appui du commerce , dont il cherchoit à extirper les racines.

Ce fut l'époque de la décadence de Venise. Le négoce de l'Égypte et de l'Inde , étoit le fondement de sa puissance ; la perte de cette source de richesses la précipita dans le néant d'où elle étoit sortie. La ruine de sa marine suivit celle de son commerce, qui n'a conservé que de foibles traces de son ancienne splendeur.

Aujourd'hui que les puissances maritimes de l'Europe ont fondé la prospérité de leurs états sur la base du commerce, chacune d'elles s'efforce de prendre une part active à celui des Indes. La Russie, trop élevée dans le nord, pour envoyer ses flottes dans l'Inde par le cap de Bonne-Espérance, et entrer en concurrence avec les nations situées plus favorablement, s'ouvre une route connue des Romains et des Génois. Elle fait descendre ses navires par le Volga jusqu'à la mer Caspienne, et ses commerçans tâchent d'attirer à eux les marchandises de la Perse et des provinces septentrionales du Mogol. Déjà les belles soies du Guilan deviennent l'objet de leurs spéculations, et sans doute qu'à la première révolution elle envahira ces belles contrées. Après la paix de Kainardgik, en 1774, la Russie, maitresse de l'embouchure du Boristhène, et étant en possession de naviguer dans la mer Noire, a fait construire la ville de Kerson, dont elle a fait un port franc, ce qui lui prépare un commerce plus étendu avec l'Asie, et de nouveaux moyens d'envahir celui de Constantinople. D'un autre côté, l'Angleterre et la Hollande approvisionnent l'Europe d'une quantité immense des productions des pays orientaux ; les Anglais sur-tout ayant formé dans le Bengale un royaume d'une vaste étendue, sont parvenus à y exercer un genre de domination inconnu jusqu'à nos jours. Les nations de l'Europe ne se lasseront-elles jamais de cette espèce de tyrannie qui les brave et les avilit ? Resteront-elles éternellement dans cet état de foiblesse qui les contraint à supporter un despotisme qu'elles ne demanderoient pas mieux que d'anéantir ?

La France est la seule puissance qui puisse parvenir à donner le spectacle de ce grand phénomène politique, en faisant

prendre au commerce des Indes une
nouvelle direction, et en le faisant couler
par les anciens canaux que lui avoient
ouverts les Phéniciens, les Grecs et les
Romains , et ensuite les Vénitiens , les
Génois, les Pisans , les Florentins, et les
villes anséatiques. Ce projet mérite , de
la part du gouvernement , la plus sé-
rieuse attention ; et quiconque sait approfondir , le trouvera analogue à la
situation, aux moyens, aux besoins et
aux vœux du peuple français.

Ce plan, si avantageux , j'ose dire si
nécessaire à la prospérité de la république , seroit le gage certain de la décadence de l'Angleterre. Si la France
sait profiter de ses nouvelles acquisitions
dans le Levant, Corfou , Céphalonie ,
Zante , un terrein dans l'Albanie , ces
réflexions auront toute une autre force.
Le commerce par Alep, Alexandrie , le
Caire, où il sera facile d'avoir des postes,
ensuite par Bagdat , Bassora , Suès et
Moka , prendra un développement nouveau qui fera ressortir tous les avantages

qu'on peut tirer de Madagascar, des Iles de France et de Bourbon, et de la côte de Malabar. Je ne vois rien de plus politique, dans tout ce qui s'est fait dans cette guerre, que l'acquisition des îles vénitiennes, qui, donnant aux Français un pied dans le Levant, peut être le principe d'une révolution qu'il n'est pas nécessaire de nommer, et qui doit leur ouvrir un jour les anciennes portes de l'Orient, placées sur la mer Rouge et le Golfe persique. Dans ce plan, les possessions anglaises de l'Inde, même le cap de Bonne-Espérance, dans leurs mains, n'offrent plus rien d'effrayant. Seulement il faut un gouvernement tel que le nôtre, attentif et éclairé, pour tirer de ce projet tout le parti que les circonstances permettront ; et le succès peut sortir de l'école terrible, mais prompte et instructive des événemens qui, depuis 1789, remuent en France les corps et les esprits dans tous les sens.

DANS nos temps modernes, où nous

sommes accoutumés à voir les opérations
rivales du commerce se croiser et se
devancer, rien ne doit paroître plus
étonnant que cette indifférence avec laquelle les nations européennes ont laissé
les Anglais s'emparer presque exclusivement d'un commerce aussi avantageux
que celui de l'Inde. Cette faute est particulièrement celle de notre ancien régime; elle doit lui être reprochée avec
d'autant plus de raison, que les liaisons
de la France avec la Porte, et les avantages de sa position sur la Méditerranée,
lui fournissoient tous les moyens de l'empêcher, en r'ouvrant les anciennes routes
par où les marchandises de l'Inde se
répandoient dans toute l'Europe. Le
gouvernement, par une attention plus
continuelle et plus active aux affaires de
la Méditerranée, auroit pu depuis long-
temps concevoir combien il lui étoit facile d'attirer dans ses ports tout le commerce du Levant, d'obtenir la liberté
de trafiquer sur la mer Noire, où l'on
voit les vaisseaux russes et autrichiens,

et

et de recevoir toutes les productions de l'Orient, soit par l'entremise des états du grand seigneur, soit directement par lui-même, en formant des établissemens en Syrie, en Égypte, et sur la mer Rouge, et en profitant mieux de l'ascendant que nous ont toujours donné, à Constantinople, les services et les secours qu'on attend de notre prépondérance en Europe.

La France, dans son état actuel de politique extérieure et intérieure, a besoin de se faire un nouveau système maritime et commercial : la navigation de la Méditerranée et de la mer Noire, le commerce de tout le Levant, et sur-tout l'ouverture des anciennes communications de l'Europe avec les Indes, lui en offrent tous les élémens, et lui présentent un de ces plans vastes de politique, qui donnent une nouvelle forme aux choses humaines ; cette idée mère décidera peut-être un jour de la fortune de la république, et de la supériorité qu'elle doit obtenir par la suite dans la carrière

C

navale. Tous les empires, dans le terme
de leur durée, ainsi que tous les hommes,
dans le cours de leur vie, ont un moment de bonheur, dont ils doivent profiter. La fortune se présente une fois à
chaque état, comme à chaque individu :
il faut la saisir et la fixer dès qu'elle se
montre ; elle ne se montre plus, si par
mal-adresse ou par insouciance on laisse
échapper l'offre qu'elle a faite de ses
faveurs.

Le moment où j'écris, est celui de la
France. Que deviendroit-elle, si un plan
fécond en spéculations actives et industrieuses, ne rallioit pas tous ses habitans
vers le rétablissement de la fortune publique ? Les principales sources qui l'alimentoient, sont perdues ou taries. Il
faut donc que le gouvernement substitue
une nouvelle politique commerciale au
système ancien. Cette nouvelle combi-
naison doit avoir pour objet la nécessité
d'une juste défense contre les larcins
politiques de la nation anglaise sur toutes
les mers, et le besoin impérieux de di-

riger l'activité que la révolution a donnée
aux esprits vers les opérations commerciales. Tous les genres d'amélioration ,
viendront d'eux - mêmes se groupper ,
pour ainsi dire , autour de ce plan. Seul
il peut imprimer à la grande population
de la France un genre d'énergie jusqu'ici
inconnu , et l'exciter à des efforts extraordinaires pour ruiner le despotisme maritime des anglais. Telle est la grande
pensée qui doit achever d'affermir sur
des bases inébranlables notre liberté.
Comment les peuples fameux ont-ils successivement figuré avec gloire sur le
théâtre du monde? Presque tous par une
seule institution fondamentale et par un
plan suivi avec persévérance , et dont
le germe se trouvoit dans leur état politique extérieur et intérieur , et le développement dans le génie dès hommes
faits pour gouverner. C'est ainsi que s'y
prirent les Égyptiens , dont les succès
donnèrent au genre humain la première
idée des vastes ressources que peut se
faire un peuple commerçant , et des

C 2

grandes entreprises dont il peut étonner
l'univers. C'est sur les bords de la Méditerranée que le siége de ce commerce
fut établi, et l'on ne peut admirer assez
la promptitude, la régularité et l'étendue
avec laquelle le commerce de l'Orient
se fit par le canal que lui avoit tracé la
sagacité d'Alexandre.

Voilà le sujet de méditation que j'offre
aux spéculateurs et aux hommes d'état.
Ce plan ne doit point être traité de rêve
politique, parce que son succès est en
partie fondé sur un calcul de probabilité.
Sans doute il est des probabilités vagues
et chimériques qui ne méritent point,
sur-tout en fait de gouvernement, l'attention d'un esprit raisonnable; mais si
les probabilités dérivent de l'observation
de faits authentiques, et d'un calcul ré-
fléchi de rapports et de conséquences,
alors elles prennent un caractère différent,
alors elles deviennent un art méthodique
de pénétrer dans l'avenir. C'est de ces
probabilités que se compose la prudence,
qui n'est autre chose que l'art de prévoir.

C'est par les conjectures, que l'esprit instruit de la génération des faits passés, prévoit celle des faits futurs ; par elles, connoissant comment les causes ont produit les effets, il devine comment les effets deviendront causes à leur tour ; et de-là l'avantage de combiner d'avance sa marche, de préparer ses moyens, et d'assurer ses ressources.

L'Égypte est de tous les pays celui qui a présenté le spectacle le plus imposant et le plus varié. Des campagnes fertiles, des villes florissantes, une nation guerrière et éclairée ; de tous côtés des monumens qui rappeloient de grandes actions, des marbres, des bronzes qui retraçoient la beauté, les héros ou les dieux, des temples, des palais garans de ce qu'elle a été, et témoins de ce qu'elle a perdu ; en un mot, une contrée où l'art et la nature sembloient avoir essayé tout ce que leurs efforts réunis pouvoient produire. Voilà l'idée que pendant des siècles entiers l'histoire nous offre de l'Égypte. Si l'on vouloit n'en-

visager maintenant sa situation actuelle
que sur les rapports qui constituent la
puissance d'un état, la politique pourroit
peut-être ne voir qu'avec une sorte de
mépris cette grande métropole du monde,
le berceau de toutes les sciences et de
tous les arts, n'être plus aujourd'hui
qu'une province de l'empire le plus vaste
et le moins puissant; mais l'administrateur
philosophe l'envisagera sous un aspect
plus digne de son attention, et s'il retrouve dans le climat, les productions et
la population de l'Égypte, les mêmes
moyens qui l'ont rendue célèbre, ces
avantages que les siècles ne peuvent détruire, et qui ont résisté aux plus grandes
révolutions, lui paroîtront préférables à
cette soif de gloire qui, dans le reste
de l'univers, ne conduit qu'à s'enivrer
de brigandage.

La nature semble avoir destiné l'É-
gypte à servir d'entrepôt aux marchandises de l'Europe, de l'Asie, et de l'A-
frique, et à être la médiatrice de leurs
échanges, et l'ouverture des anciennes

routes du trafic de l'Inde, a une telle
connexité avec l'intérêt national, que ce
projet a germé, il y a plus d'un siècle,
dans la tête d'un de nos plus grands
ministres. Sous le ministère de Colbert,
l'ancien gouvernement conçut le plan de
lier plus étroitement les Indes à l'É-
gypte, et de faire passer par cette voie
les marchandises que la compagnie établie pour ce commerce, tiroit par l'O-
céan. Ces marchandises, débarquées au
Suès, qui est le port le plus voisin du
Nil, devoient être conduites de-là sur
des chameaux, et par les caravanes au
Caire, voiturées sur le Nil jusqu'à Alexandrie, et transportées à Marseille;
tant il est vrai qu'on étoit convaincu alors
des avantages que recevroit la France,
si on prenoit cette route. Le consul qui
étoit alors en Égypte, avoit été chargé
de négocier cette affaire avec le bacha,
et de lui offrir, par une espèce de *transit*,
deux pour cent de tous les effets qu'on
feroit passer du Suès à Alexandrie. Il
avoit ordre de lui mettre sous les yeux

C 4

le tableau des sommes que produiroient ces deux pour cent par la richesse des chargemens qui viendroient au Suès, et on s'engagea, en cas que le bacha acceptât ce traité, de demander à la Porte les ordres nécessaires pour l'exécution. On ajoute qu'ils furent demandés, et que le grand seigneur offrit d'accorder la liberté qu'on souhaitoit, mais que ses ministres firent entendre en même temps que cette permission seroit inutile, si le scherif de la Mecque, qu'elle intéressoit plus que personne, et que la Porte ne pouvoit obliger à la même complaisance, n'y donnoit les mains. Ce projet, si favorable à la France, trouva des difficultés, comme en trouveront toujours toutes les entreprises extraordinaires qu'on voudra conduire trop promptement à leur fin, et que l'ancien régime abandonnoit légèrement, quand il falloit beaucoup de temps pour les achever, les projets d'un ministre n'étant jamais ceux de son prédécesseur.

Maintenant qu'une constitution répu-

blicaine promet à la nation des lois sages,
un gouvernement éclairé , et des plans
utiles suivis avec constance , il y va du
plus grand intérêt de ramener les vues
de Colbert sur le commerce de l'Inde ,
et de tenter tous les moyens de lui
r'ouvrir les anciennes routes qu'il suivit
par mer ou par terre.

Le moyen qui me paroîtroit le plus
convenable pour réussir, scroit de former
une compagnie par actions , mais sans
privilége exclusif, dont le comptoir seroit
à Alexandrie ou au Caire , et à laquelle
tous les négocians de France pourroient
prendre part. Avant d'établir cette compagnie, on pourroit commettre un homme
entendu et expérimenté pour faire le
tour des échelles du Levant , examiner
plus à fond les côtes de la mer Rouge
du côté de l'Isthme de Suès , la nature
du commerce en général , celui qu'y
font les diverses nations voisines , les
marchandises que l'on peut y vendre et
acheter avec avantage , les prix des unes
et des autres , qui peuvent et doivent

varier, les divers frais de commerce et
autres dépenses, les facilités où les obstacles que l'on peut trouver dans les
établissemens ; vérifier, s'il est possible,
plus parfaitement qu'on ne l'a fait, tout
ce qui est relatif à cet objet, l'autoriser
enfin à faire des présens aux gouverneurs
et commandans dans les divers lieux où
il passeroit. Ce commissaire devroit être
muni d'un firman du grand seigneur,
enjoignant à tous les gouverneurs et
officiers de justice de lui donner toute
la protection nécessaire. On pourroit
même, pour plus grande sûreté, le faire
accompagner par un officier de la Porte,
qui feroit exécuter les ordres du souverain, en cas de refus ou de déso-
béissance. Une pareille grace ne seroit
peut-être pas fort difficile à obtenir, et
un habile négociateur pourroit faire envisager au ministère ottoman plusieurs
avantages capables de le déterminer à
l'accorder. On procéderoit alors à l'établissement des facteurs, et l'on travailleroit à leur procurer la protection et

la liberté qui sont le fondement et la base de tout commerce : dans les échelles où l'on ne pourroit pas établir des facteurs à demeure , on se contenteroit de faire naviguer des facteurs ambulans , ou des subrecargues.

Il faudroit, en commençant , établir un agent à Gidda , sur la mer Rouge , sous prétexte seulement de veiller à la sûreté des lettres qu'on envoie à Surate, ou qui viennent de ce pays-là. Quoiqu'il y ait à Gidda un bacha nommé par la Porte , il est cependant soumis aux ordres du gouverneur d'Égypte , qui y envoie une nouvelle garnison tous les ans ; de là on peut raisonnablement conclure que le consul français du Caire seroit en état de protéger un homme qu'il auroit placé dans ce lieu , et qui recevroit de lui ses instructions. Il seroit utile de joindre à cet agent deux ou trois jeunes médecins ou chirurgiens qui exerceroient leur profession avec désintéressement ; ils ne manqueroient pas de se faire considérer , et le besoin que

les habitans auroient de leur secours,
affermiroit d'abord ce petit établissement.
Leur costume doit être celui des Turcs,
et il seroit nécessaire qu'ils sussent la
langue du pays. Dans ces circonstances,
il seroit facile de mettre une felouque
sur la mer Rouge, sous prétexte de
tirer d'Égypte les provisions nécessaires.
Par-là on accoutumeroit peu à peu les
Turcs à voir nos bâtimens sur la mer
Rouge. Les Anglais vont à Moka, et
même à Gidda ; les vaisseaux français
n'y seroient pas regardés plus indiffé-
remment. Un consul français établi à
Gidda, les favoriseroit, sans qu'il parût
destiné à les protéger, et trouveroit ensuite les moyens de les faire passer jusqu'au Suès. Pour qu'on n'en prît point
d'ombrage, il suffiroit qu'un bacha qu'on
auroit gagné, parût les y forcer et le
voulût de la sorte. On pourroit encore
arriver au même but par le moyen des
milices établies à Gidda, qui, n'ayant
pas toujours des bâtimens pour faire le
voyage de Suès, demanderoient l'usage

de nos vaisseaux, lorsque l'occasion s'en présenteroit : pour écarter tout soupçon, toute espèce de jalousie, on auroit soin de mettre les canons à terre, comme le pratiquent les vaisseaux turcs, lorsqu'ils sont entrés dans la mer Rouge. Rien ne gagne et n'apprivoise tant les hommes, que l'attention que l'on a à se conformer à leurs manières. On éviteroit de se trouver en concurrence avec les Turs, dans toutes les entreprises que l'on feroit. Enfin, ou travailleroit à se rendre préférables à tous ceux qui naviguent sur cette mer, afin d'abolir insensiblement l'habitude de se servir de leurs bâtimens.

En se conformant à ces règles, et à quelques autres que la connoissance des localités indiqueroit, de quoi ne viendroit-on pas à bout ? On obtiendroit facilement la permission d'avoir des magasins au Suès, et quelque port commode sur le Golfe arabique ; on établiroit un comptoir à l'extrémité orientale de la Méditerranée, et voisin de

Suès , le plus qu'il seroit possible : nos
ambassadeurs à la Porte , seroient chargés
de faire connoître au grand seigneur
et à ses ministres combien il est inté-
ressé à étendre les rapports de ses états
avec les Indes , et à prévenir dans les
mains des Anglais le monopole de ce
commerce , qui a fait si long-temps la
principale richesse des empereurs de
Constantinople et des peuples d'Égypte.
On l'engageroit à équiper une flotte sur
la mer Rouge. Comme l'Égypte ne produit pas le bois propre à la construction
des vaisseaux, on permettroit à la Porte
d'en couper dans les forêts de nos nouvelles acquisitions au Levant , d'où il
seroit transporté à Alexandrie , de - là
au Suès , en partie par eau , en partie
par terre. C'est dans ce port qu'on
construiroit les bâtimens. Il n'y a rien
qu'on ne puisse obtenir des Turcs , lorsqu'on sait joindre habilement la patience
avec la libéralité ; mais comme ils sont
fort attachés aux coutumes établies parmi
eux , il faut user de beaucoup d'adresse

pour détruire celles qu'on trouve con-
traires à ses desseins , et pour en faire
adopter d'autres qui y soient conformes.
Il faut toujours s'y prendre d'une manière imperceptible. Par cette conduite,
du premier pas on arrive au second ,
et le second ne manque jamais de mener
plus loin. Au commencement de ce siècle,
le peuple d'Alexandrie se souleva à la,
vue de la première balle de café qu'on
y embarqua pour Marseille ; on y voit
maintenant , tous les jours , sans le
moindre murmure , charger des vaisseaux entiers de cette marchandise.

On doit bien se garder de froisser en
rien les intérêts du scherif de la Mecque,
et de faire le moindre tort à ses douanes;
il faudroit même faire ensorte qu'elles
y gagnassent beaucoup : pour cela, il
faudroit que nos négocians achetassent
des caravanes de la Mecque, Damas,
et autres , au moins une partie des
marchandises qui formeroient leurs cargaisons. Sans ces précautions , notre
établissement seroit exposé à être ren-

versé par la moindre émotion qu'il seroit
facile d'exciter. Les prétextes ne manqueroient pas, car la religion en four-
niroit de plausibles ; on répandroit le
bruit que nous cherchons à nous rendre
maîtres de la mer Rouge, pour nous
emparer de la Mecque, et tout ce qui
suit d'une pareille opinion ; les motifs
du bien public viendroient après, la
ruine des douanes du grand seigneur,
tout le commerce entre nos mains. En
vain protesterions-nous que nous n'ap-
porterions aucune marchandise pour
l'Égypte ; la crainte que cela n'arrivât,
rendroit le mal déjà présent; on devroit
s'attendre à des avances fréquentes, et
cela sur le moindre prétexte ; d'où il
est naturel de conclure que pour intro-
duire des nouveautés dans ce pays, il
faut user de beaucoup de précautions.

J'observe qu'on ne doit pas espérer
de gagner la protection d'un bacha, en
lui faisant seulement envisager les gros
avantages qu'il tireroit sur toutes les
marchandises qu'on feroit venir par
l'Égypte.

l'Égypte. Les Turcs, suivant un de leurs proverbes, aiment mieux l'œuf du jour que le poulet du lendemain. Ils comptent peu sur l'avenir, et les bachas, moins que tous les autres, parce qu'à tout moment ils sont exposés à se voir dépouillés de leur emploi; il faudroit donc leur parler argent comptant, et laisser la considération des avantages à venir, qui grossiroient les revenus du grand seigneur, à la méditation des ministres de sa hautesse.

A l'égard des difficultés qui se rencontrent dans la navigation de la mer Rouge, elles ne sont effrayantes que pour les Turcs, dont la marine est si imparfaite, et qui n'ont pas encore appris à faire route par les mauvais vents. Les plus grands dangers sont l'ignorance et l'inexpérience des navigateurs, et la mal-adresse dans la manière de charger les navires. Les patrons des bâtimens, n'ont point de cartes, et n'ont que de très-mauvaises boussoles. Ils ne savent ni louvoyer, ni se tenir à la cape :

D

de quelque côté que le vent souffle ,
ils mettent en poupe et vont où le vent
les porte ; dès qu'ils perdent la terre de
vue , ils ne savent plus calculer leur
route, connoître le chemin que peut faire
le bâtiment , ou trouver le port , et à
moins que le hasard ou leur routine ne
les y conduise , ils vont échouer infailliblement. Lorsqu'ils partent d'un endroit
pour aller dans un autre , ils ont coutume d'attendre un vent fait , qu'ils ju-
gent d'une manière fort incertaine devoir
leur faire faire tant de lieues par heure.
Ils se mesurent de façon à pouvoir se
trouver de jour devant le port où ils
veulent aborder. Si par hasard le vent
se renforce ou diminue , et que la nuit les
surprenne à l'atterrage , ils vont à coup
sûr naufrager sur la côte.

La façon de charger les navires est
encore un grand inconvénient qui fait
périr plusieurs bâtimens, et cause de
grandes pertes. On accumule, sans ordre
et sans arrangement, tout ce que les
chargeurs apportent, et pour faire un

meilleur nolis , on charge souvent outre
mesure et jusqu'au milieu du mât, de
sorte que le bâtiment chargé et mal
arrimé , perd son assiette et son équilibre , et se trouve souvent exposé à
chavirer et à périr.

La mer Rouge , qui sépare l'Arabie
de la haute Éthiopie et d'une partie de
l'Égypte, a trois cent cinquante lieues
de long ; sa largeur, qui n'est pas grande,
varie beaucoup. Comme nul fleuve ne
s'y oppose , à la force du flux et du reflux, elle participe aux mouvemens de
l'Océan d'une manière plus sensible que
les autres mers Méditerranées , situées
à peu près sous la même latitude. Elle
est peu sujette aux orages, et ne connoît presque point d'autres vents que
ceux du nord et du sud qui sont pé-
riodiques, comme la Mousson dans l'Inde,
et qui fixent invariablement dans cette
mer le temps de l'entrée et de la sortie.
On peut la partager en trois bandes ;
celle du milieu est nette , navigable jour
et nuit, sur une profondeur de vingt-

cinq à soixante brasses. Les deux qui
bordent les côtes, quoique pleines d'é-
cueils, sont préférées par les gens du
pays, qui, obligés de se tenir au voi-
sinage des terres, à cause de la petitesse
de leurs bâtimens, ne gagnent le grand
canal que lorsqu'ils craignent quelque
coup de vent. La difficulté d'aborder
les ports sur la côte, fait que cette navigation est périlleuse pour les grands
vaisseaux, qui ne trouvent d'ailleurs sur
leur route qu'un nombre considérable
d'îles désertes, arides et sans eau. Un
vent du Nord, qui règne constamment,
à la réserve d'une partie du printemps
et de l'automne, sur cette mer bordée
de rochers, repousse les vaisseaux qui
veulent y entrer, et ne leur permet pas
d'aborder facilement au Suès. On est
contraint de mouiller presque tous les
soirs sur les côtes d'Arabie, dont la plus
grande partie est de la dépendance du
shérif de la Mecque. Les Arabes sont
maîtres des eaux, et il ne scroit pas
possible d'en avoir, s'il leur étoit dé-

fendu d'en apporter. Le shérif de la
Mecque tire des droits sur toutes les
marchandises qui passent de Suès à Gidda et de Gidda aux Indes, et sur toutes
celles qui en viennent, en prenant la
même route. Or ce prince ne saisiroit-
il pas l'occasion de favoriser un commerce qui doubleroit la valeur de ses
douanes, dont la moitié lui appartient,
tandis que l'autre est appliquée, par la
libéralité des empereurs ottomans à divers usages pieux qui regardent la
Mecque.

La navigation de la mer Rouge n'est
périlleuse que pour ceux qui ne la connoissent pas : avec quelque pratique,
qu'on acquerroit insensiblement, on pou-
roit la tenir la nuit et le jour, naviguer
à vent contraire, ce que les Turcs ne
font pas; et enfin, choisissant une con-
joncture favorable, passer des dernières
terres de l'Yemen, au-dessus de Gidda,
jusqu'à celles qui dépendent directement
du grand seigneur, sans avoir besoin
de faire de l'eau. Ce trajet n'est pas

D 5

de deux cent cinquante milles; on peut
d'ailleurs mouiller par-tout en sûreté,
n'y ayant aucune forteresse sur les côtes
et le fond étant bon par-tout. La mer
Rouge est fort douce, s'il s'y trouve des
courans qui ramènent vers son embouchure, il y en a d'autres qui portent
au contraire; la terre, outre cela, jette
des vents dont il est aisé de profiter ;
enfin, on pourroit encore cotoyer le rivage d'Éthiopie, aussi bien que celui
d'Arabie, et étudier, par la pratique,
les avantages ou désavantages des lieux
et des saisons.

Quoique la Porte se tienne très-éveillée
sur toutes les relations avec les Indes,
par ses états, son inquiétude ne s'ap-
plique qu'à de grandes spéculations ou
à des cargaisons entières par navires qui,
versées sur son territoire, ruineroient
les bénéfices des caravanes turques et
les redevances du shérif de la Mecque,
pélerinage, comme l'on sait, très-fré-
quenté et défrayé en partie par les profits des transactions commerciales en

marchandîses de l'Inde. Le gouvernement turc est peu jaloux de transporter
au-dehors l'industrie et l'activité de ses
sujets, mais n'est pas indifférent à faire
jouir les Grecs et les Arméniens du commerce et de la navigation que comporte
la situation locale de Constantinople et
de la Mecque. Les opérations des Grecs
et des Arméniens ne seroient point trou-
blées par celles de nos négocians, qui
seroient contenus dans leurs bornes par
les stipulations des traités. L'attention
à ne pas contrarier l'intérêt des indi-
gènes, un grand esprit de modération,
des vues de prospérité, sagement com-
binées, nous feroient bientôt admettre
à la participation du commerce de l'O-
rient, et nous en ouvriroient les anciennes
portes qui n'ont jamais été fermées pour
les Turcs. La France non-seulement don-
neroit à son commerce du Levant un
plus grand développement, mais elle re-
ceuilleroit encore de nombreux avantages qui résultent de sa position actuelle
vis-à-vis la Porte, et qui peuvent fruc-

D 4

tifier un jour., si elle sait mieux soigner que par le passé la bonne volonté du divan, et prouver par des services effectifs l'utilité dont elle peut être à l'empire ottoman, pour ruiner tous les projets d'envahissement de la Russie et de l'Autriche.

Il y a donc tout lieu de croire que la Porte favoriseroit les liaisons que nous voudrions former avec les Indes, soit par la mer Rouge, soit par l'intérieur de ses états vers le Golfe persique. Cette correspondance plus prompte et plus active, par cette voie, peut un jour contribuer à faire réussir le projet de ruiner le despotisme de la nation anglaise dans l'Indostan, et ce premier avantage se lier même avec d'autres mesures que de nouvelles circonstances peuvent faire naître, et que la situation de nos ports sur la Méditerranée et dans le Levant doit rendre efficaces.

C'est ici le lieu peut-être d'une observation digne d'être sérieusement méditée, savoir: que le commerce de l'Inde prit, au quinzième siècle, un nouveau cours, moins par la découverte du cap de Bonne-Espérance, que par l'obstruction qui se fit à peu près en même temps dans les anciens canaux de la circulation. En effet, les idées religieuses, les préjugés, les institutions despotiques des Turcs, les secousses de la guerre, ne permirent plus aux Européens de fréquenter les marchés de Constantinople et d'Alexandrie, et de s'exposer aux pertes résultant de ces événemens majeurs qui changeoient la face de l'Orient. A l'époque où les mahométans se rendirent maîtres de l'Égypte, il ne fut plus libre à un chrétien d'aller en Orient à travers leurs états, et après la conquête définitive de l'empire grec, et l'établissement du siége du gouvernement dans Bysance, cette ville ne fut plus un marché ouvert aux peuples de l'Occident. D'ailleurs, vers le même temps, les Vénitiens mis à deux doigts de leur perte par la fatale ligue de Cambrai, qui humilia l'orgueil de la république et anéantit sa

puissance, ne furent plus en état de faire,
pour la conservation de leur commerce,
les efforts dont ils auroient été capables,
aux beaux jours de leur gouvernement;
et furent réduits aux foibles expédiens
d'un état qui succombe.

Cette riche et ancienne succession
qu'ont laissée Venise, Amalphi, Gênes,
Pise, Florence, et quelques autres villes
d'Italie, n'a pas encore été recueillie,
et mérite de l'être. Il y a long-temps
qu'elle seroit devenue le partage de la
France, si elle avoit su profiter de ses
avantages, et porter dans son systême
maritime les grandes vues que lui indi-
quoient les puissans moyens et les bienfaits que la nature lui a prodigués. Si
la France a commencé si tard à mettre
en valeur l'étendue de ses possessions,
la fertilité de son sol, la qualité de ses
productions, les avantages de sa position géographique et du génie industrieux de ses habitans pour participer
avec les autres nations au commerce du
monde, c'est autant à cause des guerres

qu'elle eut à soutenir dans le quinzième
siècle , que parce que son gouvernement
monarchique et militaire, qui a toujours
prédominé , avoit écarté et presque avili
chez les Français , comme il l'avoit fait
chez les Romains , toutes les idées mer-
cantiles. Ce n'est que depuis qu'elle a
changé la forme d'un gouvernement
courbé sous le poids des abus , pour
s'ériger en république , qu'elle a mieux
entrevu le prix de ses richesses et les
avantages de la situation la plus favorable qu'on puisse désirer pour acquérir
la prépondérance sur toutes les nations
européennes dans le commerce du Levant et de l'Inde.

Le souvenir des anciennes entreprises
et des succès étonnans qui fixèrent ,
pendant deux cent cinquante ans , dans
le sein de Gênes et de Venise , l'opulence et la prospérité , doit nous ouvrir
les yeux sur les brillantes destinées qui
nous attendent; et puisque nous devons
nous regarder comme étant à leur place,
en recherchant les progrès de leur na-

vigation et de leur industrie , nous trou-
verons dans leurs exemples tous les
moyens d'exécution.

Les Vénitiens , dans la formation de
cette vaste entreprise , ne perdirent pas
ûn seul instant de vue ce qui pouvoit
être le plus utile à leur commerce. Ils
se mirent en possession , et s'assurèrent ,
par des traités , sur la Méditerranée , les
territoires les plus avantageux pour un
peuple trafiquant. Ils obtinrent une partie
du Péloponèse , où fleurissoient alors
les plus riches manufactures , et sur-tout
celles de soie , et s'établissant dans les
îles les plus grandes et les mieux cultivées de l'Archipel , ils formèrent une
chaîne d'établissemens tant militaires que
commerciaux , qui s'étendoit depuis le
Golfe adriatique jusqu'au Bosphore. Un
grand nombre de Vénitiens se fixèrent à
Constantinople et à Alexandrie , et sans
la moindre opposition de la part de leurs
belliqueux associés peu attentifs aux
progrès de l'industrie , ils réunirent dans
leurs mains les différentes branches de

commerce qui avoient si long-temps en-
richi ces deux capitales, mais ils s'atta-
chèrent particulièrement à celui de l'Inde.
Tous les ports de l'Orient, ouverts au
commerce, étoient fréquentés par leurs
marchands, qui, après s'être appro-
priés presque exclusivement l'achat et
la vente des marchandises orientales destinées pour l'Europe, se donnèrent de
tels mouvemens, qu'ils en répandirent
le goût dans plusieurs endroits où elles
avoient été jusqu'alors étrangères.

Un historien de Venise nous a laissé
des détails précieux sur le commerce de
l'Inde et la manière dont il se faisoit
dans son pays, au commencement du
quatorzième siècle. Ses compatriotes recevoient les marchandises de l'Orient,
de deux manières différentes. Celles d'un
volume moindre et d'un grand prix,
telles que les clous de gérofle, la mus-
cade, le macis, les pierres précieuses,
les perles, etc., arrivoient par le Golfe
persique, et le long du Tigre jusqu'à
Bassora, et de-là à Bagdat, d'où on

les transportoit à Constantinople , ou
dans quelque autre port de la Méditerranée ; celles d'un volume plus considérable , telles que le poivre , le gin-
gembre , la canelle , les toiles , les mousselines , et une certaine quantité des
articles les plus précieux , étoient conduites par l'ancienne route jusqu'à la
mer Rouge , et de-là , en traversant le
désert , et le long du Nil , jusqu'à Alexandrie. Les productions qui suivoient
la première route , étoient d'une qualité
supérieure, mais souvent on n'en recevoit
que très-peu. Ce mode de transport étoit
souvent précaire et accompagné de danger , à cause de l'état abandonné des
pays par où passòient les caravanes.

Mais sous le gouvernement vigoureux
et tout militaire des soudans mamme-
luks , les Vénitiens n'allèrent que rare-
ment à Constantinople , et pour ré-
pondre aux demandes des différentes
parties de l'Europe , où ils avoient
coutume d'envoyer les productions
de l'Inde , ils se contentèrent d'avoir

recours aux anciens entrepôts de ce
commerce. Le principal et le mieux
fourni de tous, étoit Alexandrie, où ils
étoient sûrs de trouver une provision
abondante des marchandises de l'Orient,
et comme c'étoit sur-tout par eau qu'elles
y arrivoient, ils les avoient à bon marché,
quoique les soudans les eussent grevées
de droits qui montoient souvent au tiers
de leur valeur.

L'Egypte, qui, dans tous les temps,
a été le principal marché des productions de l'Orient, quoiqu'un des plus
fertiles pays du monde, est dépourvue
de beaucoup d'objets de commerce nécessaires, soit pour la commodité, soit
pour le luxe. Trop bornée dans son
étendue, et trop bien cultivée pour laisser de l'espace aux forêts, trop unie à
sa surface pour recéler dans son sein
les métaux utiles, elle ne peut se procurer le bois de charpente, le fer, le
plomb, le cuivre que par l'importation
qui s'en fait des autres pays. C'étoit
sur-tout des Vénitiens qu'elle recevoit

tous les objets dont nous venons de parler. Outre ces articles, il sortoit des
mains industrieuses des Vénitiens toutes
sortes de draps, d'étoffes de soie, de
camelots, de glaces, des armes, des
ornemens d'or et d'argent, du verre et
une foule d'autres objets qu'ils étoient
sûrs de vendre en Égypte et en Syrie.
En échange ils recevoient des marchands
d'Alexandrie des épices de toute espèce,
des drogues, des pierres précieuses, des
perles, de l'ivoire, du coton et de la
soie, tant apprêtés que manufacturés
sous toutes les formes, des toiles, des
mousselines et autres productions de
l'Orient, avec plusieurs articles précieux
de fabrication ou de production égyp-
tienne. Dans Alep, Baruth, et autres
villes, outre les marchandises, même de
l'Inde, qu'on y transportoit par terre,
ils ajoutoient à leurs cargaisons les ta-
pis de Perse, les riches soies écrues de
Damas, et diverses productions de l'art
et de la nature, particulières à la Syrie,
à la Palestine, et à l'Arabie.

Les

Les historiens de ce temps parlent de la situation de Venise au période que nous retraçons, en termes qui servent à faire une estimation exacte de ses richesses. Les revenus de la république et les trésors amassés par les particuliers surpassoient tout ce qu'on savoit à cet égard des autres pays de l'Europe. Dans la magnificence de leurs maisons, la richesse de leurs ameublemens, la quantité de leur vaisselle en or et en argent, et dans tout ce qui pouvoit contribuer à l'élégance ou à l'éclat dans leur manière de vivre, les habitans de Venise effaçoient le luxe des plus grands monarques au-delà des Alpes, et toute cette pompe n'étoit point l'effet d'une prodigalité aussi vaine qu'inconsidérée, c'étoit la suite naturelle d'une heureuse industrie, qui après avoir accumulé les richesses avec facilité, avoit le droit d'en jouir avec éclat.

Pendant le même période de temps, presque tous les états d'Italie, excités par l'exemple des Vénitiens, établirent

E

un commerce régulier avec l'Orient par les ports de l'Égypte, et en tirèrent toutes les riches productions des Indes. Ils introduisirent dans leur territoire des manufactures de différentes espèces, qu'ils encouragèrent et soutinrent avec beaucoup de soin et de vigueur. Ils imaginèrent de nouvelles branches d'industrie, et transplantèrent de l'Orient différentes productions naturelles, nées sous des climats plus chauds, et qui fournissent encore les matériaux d'un commerce étendu et lucratif. Les Italiens tirèrent de grands avantages du débit de ces marchandises qu'ils importoient d'Asie, ou qui étoient le fruit de leur industrie : ils les vendirent aux autres peuples de l'Europe qui commençoient à acquérir des goûts de luxe et d'agrément inconnus ou méprisés par leurs ancêtres.

Tandis que les Italiens, plus connus alors sous le nom de Lombards, étendoient et perfectionnoient le commerce de l'Orient avec tant de succès et d'activité, la même industrie agitoit le Nord, vers le commencement du quatorzième siècle. Les villes de Hambourg et de Lubeck, ayant jeté les fondemens d'un commerce avec les pays voisins de la mer Baltique, furent obligées de former entre elles une ligue défensive, pour repousser les brigands qui en interrompoient le cours ; elles retirèrent tant d'avantages de cette union que d'autres villes s'empressèrent d'entrer dans la confédération, et formèrent cette fameuse ligue anséatique, devenue dans la suite si formidable, qu'on a vu les plus grands monarques rechercher son alliance et redouter son inimitié.

Les membres de cette association puissante formèrent le premier plan systématique qui ait été connu dans le moyen âge. Ils choisirent différentes villes dont la plus considérable étoit Bruges, en Flandre, pour y établir des magasins, où leur négoce se faisoit avec beaucoup d'exactitude et de régularité. C'étoit là que les Lombards apportoient les den-

rées de l'Inde, avec les productions des
manufactures d'Italie, qu'ils échangeoient
contre les marchandises plus volumi-
neuses, mais non moins utiles qui venoient du Nord.

Cette communication régulière, qui
s'étoit ouverte entre les peuples du
nord et du sud de l'Europe, leur ap-
prit à connoître leurs besoins réciproques.
La consommation extraordinaire qui se
fit bientôt de marchandises de toutes
espèces, mais sur-tout des productions
de l'Inde, excita l'émulation des Pays-Bas.
Comme Bruges devint le centre de communication entre les négocians lombards
et ceux des villes anséatiques, les Fla-
mans commerçoient dans cette ville avec
les uns et les autres. L'étendue et le succès
de ce commerce firent naître parmi ce
peuple une habitude générale d'industrie
qui fit long-temps de la Flandre et des
provinces adjacentes le pays le plus
riche, le plus peuplé et le mieux cultivé de la terre.

En examinant les effets du commerce

des Indes sur les villes qui participoient à ces avantages, jamais les richesses ne parurent d'une manière plus éclatante. Les citoyens de Bruges, qui s'y étoient enrichis, étaloient dans leurs habits, leurs bâtimens et leur manière de vivre une magnificence qui pouvoit aller de pair avec celle des souverains. Anvers, lorsqu'elle devint dépôt à son tour, le disputa bientôt à Bruges, en grandeur et en opulence. Dans quelques villes d'Allemagne et sur-tout à Augsbourg, le grand marché des marchandises de l'Inde, dans l'intérieur de ce vaste pays, on trouve dès les premiers temps des exemples de ces grandes fortunes accumulées par les spéculations du commerce, qui ont élevé leurs possesseurs à un rang distingué et à une grande considération dans l'Empire. En voyant les richesses se multiplier ainsi dans tous les lieux où les Italiens avoient un commerce établi, il est naturel de conclure, que le profit qu'ils retiroient eux-mêmes de ses différentes branches et du trafic de

l'Orient, sur-tout, étoient bien plus considérables. Les immenses avantages du
commerce de l'Inde, auquel se sont en-
richies toutes les nations anciennes et
modernes qui l'on fait, présentent un
champ bien fertile à la pensée de tout
homme intelligent, et un grand sujet
de méditation à notre gouvernement:
c'est là qu'il trouvera tous les germes
de la prospérité publique. Quiconque sait
approfondir jugera, au premier aspect,
que l'ancienne communication de l'Europe avec l'Orient, une fois r'ouverte,
renouvelleroit ces prodiges en faveur
de la France, et produiroit nécessairement, dans les rapports du commerce
et dans le système politique de l'Europe,
la même révolution qu'y produisit autrefois la découverte du passage du cap de
Bonne-Espérance. Les Anglais, avec l'œil
pénétrant de l'intérêt ou de l'inquiétude,
apercevroient bientôt que le résultat
futur de ce nouvel ordre de choses seroit
ou la ruine totale, ou au moins une di-
minution considérable de cette branche

lucrative de commerce qui contribue si puissamment à la prospérité et à la grandeur de leur pays. Ils verroient s'approcher insensiblement cette catastrophe avec un sentiment d'autant plus amer, qu'ils savent bien qu'il n'existe pour eux aucun moyen d'en empêcher, ou même d'en suspendre l'effet.

Les Anglais, comme puissance militaire, seront dans peu chassés de l'Inde, et j'en bénis le ciel. Les Indiens savent enfin que leurs tyrans ne sont point invincibles. L'Angleterre expieroit par une si grande chute tant de forfaits politiques dont elle s'est souillée, et qui creusent et doivent creuser le précipice où sa prospérité, sa gloire, son existence peut-être seront tôt ou tard ensevelies. Mais en attendant cet heureux événement si mérité, si nécessaire à la paix de l'Indostan et même à celle de l'Europe, en attendant cet événement que la cupidité reculera le plus long-temps qu'il est possible, notre sagesse consiste à le préparer.

E 4

C'est sur-tout à la France qu'il appartient de commencer cette grande révolution, en donnant un nouveau cours au commerce de l'Inde; plus on y réfléchit et moins ce projet parut impraticable. Combien de ressources, de facilités, de secours réunis autour de la France pour en préparer et en assurer le succès : que de ressorts visibles et cachés ! Que de mobiles puissans placés sous sa main, et qui, pour entrer en action, semblent n'attendre que ses ordres ! Quel concours de circonstances, d'avantages et de moyens ! Peut-être ce noble et grand dessein est-il déjà conçu par ce général pour qui la gloire est le premier besoin, qui a porté la philosophie dans les champs de bataille et la consacre au bonheur des hommes. Il sait allier si bien à la grandeur des vues, l'énergie qui les exécute, et la rapidité qui en assure le succès; augmenter la prépondérance de notre marine sur la Méditerranée, y former une chaîne d'établissemens, organiser les

nouveaux départemens de la mer io-
nienne, cultiver soigneusement nos relations avec les côtes de Barbarie, ra-
viver le commerce du Levant, unir étroitement nos intérêts avec la Porte par
des traités d'amitié et de commerce, obtenir la liberté de naviguer sur la mer
Noire, ouvrir les yeux du divan sur les
dangers qui le menacent de la part de
la Russie et de l'Autriche, et même de
l'Angleterre, établir des comptoirs en
Égypte, s'assurer des ports à l'extrémité orientale de la Méditerranée et sur
la mer Rouge, dans lesquels on fabri-
queroit les bâtimens nécessaires pour
correspondre avec les îles de Madagascar, de France et de Bourbon,
pour aller sur la côte du Malabar, sur
celle de Coromandel, sur les bords du
Gange, charger ces marchandises précieuses dont l'Europe ne peut plus se
passer, apprendre de nouveau aux
Égyptiens l'art de la navigation, à
creuser les canaux, à rétablir les digues,
à rendre à l'agriculture le tiers de leurs

terres ensevelies sous les sables ; respecter
les préjugés , les opinions , les coutumes,
les usages des peuples , quels qu'ils soient.
Tel est l'aperçu général des moyens que la
France doit mettre en œuvre pour faire
revivre les temps où l'Europe ne recevoit les marchandises et les denrées
de l'Orient , que par les ports d'Égypte
et de Syrie. L'état brillant dont ce
commerce a fait jouir autrefois les villes
d'Italie , doit laisser une grande opinion
de ce qu'il peut devenir encore , et de
la prospérité qu'il nous réserve.

La France oublieroit-elle que, maitresse de la Méditerranée , elle tireroit
plus facilement par cette voie , que par
celle du cap de Bonne-Espérance, toutes
les productions de l'Orient. Quels avantages n'auroit-elle pas pour déterminer
en sa faveur la balance de ce nouveau
commerce ? Combien de nouveaux débouchés pour les produits de ses manufactures, puisque les échanges se feroient
dans des mers où elle est sûre de conserver la prépondérance, et où elle joui-

roit des établissemens tout formés qu'elle a déjà dans le Levant.

Ainsi naîtroit et redoubleroit par-tout une activité infatigable, une émulation laborieuse qui feroit jouir la France des bienfaits que la nature lui a destinés : par-là se peupleroient et s'enrichiroient ses nouvelles acquisitions , maintenant désertes , stériles , malgré la fécondité de leur sol , et pauvres au milieu des prodigalités de la nature : par-là se partageroit entre les différentes puissances de l'Europe l'empire du commerce trop déclaré en faveur d'une nation superbe qui s'est crue destinée à être pour jamais la dominatrice des mers : par-là diminueroit l'influence de ce peuple né pour faire voir jusqu'où le commerce peut porter la puissance et la splendeur d'un état , qui , dans sa lutte contre la plus grande nation du globe , fait admirer à ses ennemis l'immensité de ses ressources, et peut leur faire envier , même dans sa décadence, la gloire attachée à la constance de ses efforts et à l'obstination de son courage.

Maître des bords de l'Asie, de l'Afrique et de l'Europe, l'empire ottoman est dans la situation la plus favorable au commerce. Cet empire réunit un nombre de ports assurés, et son climat abonde en toute sorte de productions propres aux subsistances, aux manufactures et à la navigation, et c'est cette source de richesses qui le fera peut-être succomber un jour sous les efforts de l'envie, de l'avarice et de l'ambition. D'ailleurs, n'ayant point de colonies à conserver, un commerce extérieur à protéger, n'ambitionnant ni des conquêtes éloignées, ni aucune influence politique sur les projets dont l'Europe est toujours agitée, il n'a pas besoin de grandes forces navales.

Le génie des Ottomans n'étant pas tourné du côté des fabrications, ni de ce qu'on appelle commerce maritime, cet empire entretient des relations avec toutes les nations européennes , et il échange avec elles le superflu de ses productions contre les produits de leur industrie.

Les Ottomans ne connoissent guères que le commerce d'économie ; ils transportent par mer , d'une province à l'autre, sur leurs propres navires , et plus souvent sur des navires étrangers , le superflu de leurs productions , les denrées et les fruits de l'Égypte , en riz , café, dattes , sucre , chanvre , et drogues ; les huiles , les olives et savons de l'île de Candie , de Metelin , et de la Morée ; les blés et fruits secs qui abondent dans quelques provinces de l'empire ; les salaisons , beurre , suif , miel , cire , laines et cuirs des bords de la mer Noire. La Turquie reçoit , par Bassora , Damas et Alep , ainsi que par la mer Rouge , des diamans , des perles , des parfums de l'Inde , mais sur-tout des mousselines, des toiles , des schals, et des étoffes dont elle fait une consommation considérable. Les Grecs , les Arméniens et les juifs,

sujets tributaires de l'empire , plus actifs
et plus propres que les Turcs à tout genre
d'application , ont établi à Constantinople , au Caire , à Alexandrie , et dans
plusieurs autres villes de la Syrie et de
l'Égypte , un nombre considérable de
magasins de marchandises de l'Inde.

La modicité des impôts , dans l'empire ottoman , la stabilité des lois , le
respect pour les usages , et l'uniformité
dans leur observation ; l'abondance et
le prix modéré des subsistances , qu'on
doit autant à la vigilance de l'administration , qu'à la fertilité du sol , con-
courent aux progrès du commerce intérieur , et sous la protection des traités ,
le commerce étranger y jouit des mêmes
avantages.

Les principales puissances de l'Europe ont aujourd'hui des traités d'amitié
avec l'empire ottoman , ou par des con-
venances de commerce , ou pour participer avec plus de liberté à la navigation de la Méditerranée , ou par des
motifs politiques qui tiennent à l'intérêt

des nations, à leurs défiances ou à leurs rivalités. Le besoin qu'a l'Europe des productions de la Turquie, semble l'en avoir presque rendu tributaire. De tout temps la Porte a mis son orgueil à se faire rechercher des puissances curo-péennes, sans s'embarrasser beaucoup de l'équivalent des concessions qu'elle leur faisoit. Celles-ci, au contraire, ap-préciant de bonne heure l'utile préro-gative d'exercer leur commerce et leur navigation dans un empire si étendu, et sous des zones aussi fortunées, s'em-pressent à l'envi d'obtenir des stipu-lations et des priviléges favorables à leurs vues.

Mais, de toutes les puissances, la France est celle dont l'amitié et le com-merce sont au plus haut degré d'estime dans la politique ottomane. La France est la seule puissance qui, par sa proxi-mité, par son industrie, par l'abondance et la qualité de ses productions, et même par les rapports de climat qu'il y a entre les nations, puisse entretenir avec l'em-

pire ottoman, un commerce considérable
et une grande navigation. Les régences
d'Alger, Tunis et Tripoli étant sous la
dépendance du grand seigneur ; ayant
à peu près les mêmes productions, les
mêmes besoins, et leur commerce étant
soumis au même régime, sous le nom
de Levant et de Barbarie, doivent être
envisagées sous le même point de vue.
Je dois observer, en même temps, que
la France fait presque un commerce
exclusif avec cette partie de la Barbarie,
et qu'à peu de choses près, les relations des autres nations n'ont d'autre
intérêt que la sûreté de leur pavillon.

De tous les commerces maritimes, il
n'en est pas de plus utile pour les Français que celui qu'ils font dans les états
du grand seigneur, considéré sous tous
ses rapports. Il est précieux par lui-
même et plus encore par l'activité qu'il
donne à l'industrie nationale, par les
débouchés qu'il procure aux productions de nos colonies et par l'influence
qu'il a sur notre agriculture, notre industrie,

dustrie, notre navigation et sur tout ce qui constitue enfin la richesse et la puissance de l'état.

Autant pour l'exploitation du commerce, que pour le protéger et veiller à l'accroissement dont il est susceptible, il y a dans toutes les échelles du Levant et de la Barbarie des consuls et des établissemens français, et leur nombre excède peut-être du double celui de tous les établissemens étrangers réunis ensemble. Le commerce, dans cette partie de la Méditerranée, occupe près de deux cents navires nationaux de cent cinquante à trois cent cinquante tonneaux, qui, par la célérité des expéditions, et par la proximité des lieux, peuvent facilement faire deux voyages l'année. Indépendamment des navires employés à l'exploitation du commerce national, les Turcs en occupent peut-être la même quantité au commerce d'économie, à pourvoir à l'échange des besoins respectifs des provinces, ou au transport des voyageurs et des personnes employées dans

F

l'administration, et c'est ce cabotage, cette navigation de port à port qu'on appelle la caravane. Les Français partagent cette navigation avec les Ragusois et quelques Toscans, auxquels ils sont préférés, autant par le soin qu'ils donnent aux cargaisons, que par l'attention qu'a l'administration de surveiller tout ce qui concerne la bonne foi et les bons procédés, qui sont les gages les plus sûrs d'une confiance réciproque entre les nations.

Si l'alliance et l'amitié de la France sont précieuses pour la Porte, sous les rapports de commerce, elle le sont bien plus sous ceux de la politique, qui mérite encore, j'ose le dire, une plus grande attention depuis que l'envahissement de l'empire ottoman est devenu l'objet de l'envie et de l'ambition de deux nations voisines. Les attaques dirigées contre cette puissance, depuis le règne de Pierre premier, par les Russes secondés des Autrichiens, sont une suite du projet conçu par les cours de Pétersbourg et de Vienne d'étendre au midi leur commerce et leur navigation, en partageant entre elles les provinces que la Turquie possède en Europe. Le gouvernement français, qui connoît toutes les conséquences de ce plan, adopté par la Russie et l'Autriche, et secondé par l'Angleterre, donnera la plus grande preuve de son attachement aux intérêts de la nation, en élevant la plus forte barrière contre un système destructeur de la plus belle branche de notre commerce.

Cette barrière se trouveroit naturellement posée dans l'exécution du systême maritime que je propose, et qui consiste à nous occuper par préférence des affaires de la Méditerranée, à y acquérir une prépondérance par une marine formidable, par une chaîne d'établissemens; à donner à notre commerce du Levant tous les accroissemens dont il est susceptible, en le liant avec celui des Indes par les états du grand seigneur et par les anciennes routes qui du Malabar aboutissoient à Constantinople et à

Alexandrie. Ce projet doit réussir si la France sait profiter de l'influence que lui donnent sur la Porte les grands services qu'elle en attend, et qui sont seuls capables de la sauver. L'empire ottoman est d'autant plus disposé à serrer les nœuds qui le lient à la France, à mesure que les chanches de sa décadence se multiplient. Elles sont empreintes dans les pertes qu'elle a faites de nos jours. Elle a perdu dans ce siècle son autorité en Egypte et dans les royaumes d'Alger, de Tunis et de Tripoli, en Crimée et dans une partie de la Géorgie. On sait que l'Arabie pétrée et l'Arabie déserte ne veulent reconnoître aucune dépendance ; les traités de paix, après des guerres sanglantes, l'ont forcée d'accorder à la Russie et à l'Autriche la liberté du commerce sur la mer Noire. Le commerce de la Méditerranée est indispensablement lié à celui de la mer Noire. Pierre premier le savoit bien : la liberté de naviguer et de commerce dans la Méditerranée, par le Pont-

Euxin, fut un des objets qu'il ambitionna le plus ; mais la malheureuse journée de Pruth lui ôta l'espoir de l'obtenir. L'exécution de ce projet est toujours présente à l'esprit de ses successeurs. Quel ressort sera assez puissant pour maintenir le sultan sur le trône de Constantinople, d'où le fanatisme semble le précipiter par ses propres illusions ? si ce n'est la France, intéressée à traverser les projets qui menacent cet empire, autant pour raffermir l'équilibre politique, que pour prévenir les révolutions qui semblent devoir en résulter dans le système des nations.

La France ne doit jamais séparer sa cause de celle de l'empire ottoman. Son intérêt le plus grand lui commande de ne point laisser entâmer cette puissance. Ce n'est point sa force qu'elle doit craindre, c'est sa foiblesse. Personne ne peut douter du projet que la Russie a formé de chasser les Turcs de l'Europe : elle l'a trop bien manifesté. Plus on rapproche les faits et les circonstances , plus l'on aperçoit les traces de ce plan formé avec réflexion , et suivi avec constance , sur-tout depuis la dernière guerre. D'abord , l'on a demandé l'usage de la mer Noire ; puis l'entrée de la Méditerranée. L'on a exigé l'abandon des Tartares , puis l'on s'est emparé de la Crimée ; l'on protège aujourd'hui les Géorgiens et les Moldaves. Le premier traité les soustraira à la Porte. On fait des alliances avec l'empereur ; on construit des ports et des flottes sur la mer Noire. L'on a gravé sur un arc , à Cherson : *C'est ici le chemin qui conduit à Bysance.*

La France seule , à raison de son commerce et de ses liaisons politiques avec la Turquie , a les plus grands motifs de s'intéresser à sa conservation. L'habitude où sont les Ottomans de tourner les yeux vers la France , toutes les fois qu'ils ont une guerre à soutenir ou une paix à signer, annonce le besoin qu'elle a de son alliance. Elle est si importante pour l'empire ottoman, qu'il

fera tous les sacrifices pour la conserver.
Il n'y a qu'à lire l'histoire, depuis François
premier, qu'à compulser le dépôt des
affaires étrangères, qu'à parcourir les innombrables commandemens gardés dans
les chancelleries de l'ambassade de Constantinople, et de tous nos consulats,
pour se convaincre que la Porte a presque
toujours choisi la France pour médiatrice de ses démêlés avec les autres
puissances, et lui a presque toujours ac-
cordé ce qu'elle lui a demandé en politique et en commerce. Nos capitulations
avec les empereurs turcs, renferment
des prérogatives que les autres états
n'ont jamais pu obtenir. Le sultan re-
nonce sur nous à sa puissance territo-
riale ; il consent qu'en nous établissant
dans ses états, nous continuions de demeurer sous la domination de notre gouvernement : il ordonne que les agens de
la république puissent exercer librement
leur autorité sur les citoyens dont la
protection leur est confiée, et que les
uns et les autres jouissent, dans tout son

empire, de la sûreté, de la tranquillité, et de tous les avantages qu'exigent l'amitié et la bonne harmonie qui lient les deux empires ; il permet l'importation de toutes nos marchandises *brutes* ou travaillées, l'exportation de toutes les matières premières que produisent ses états, même de celles que ses propres sujets emploient à l'aliment de leurs manufactures ; il accorde même souvent des commandemens de complaisance et de faveur, pour l'extraction des denrées dont l'exportation est la plus prohibée ; il n'impose à nos articles de vente et d'achat qu'une douane infiniment modérée que le tarif d'évaluation réduit encore ; il permet que nous fassions le cabotage de son propre commerce, sans exiger aucun droit sur notre navigation; dans l s naufrages de nos bâtimens sur les côtes de son empire, il permet que le recouvrement soit fait par les officiers de la république, ordonne rigoureusement aux siens d'empêcher les déprédations, et de ne s'en mêler que pour

fournir aux nôtres tous les secours nécessaires pour le sauvetage ; si ses officiers transgressent les clauses contenues
dans les traités, il les punit et en fait
justice : je demande s'il y a quelque
puissance sur le globe, de laquelle nous
puissions nous flatter d'obtenir les mêmes
avantages et les mêmes facilités. Pour
le moment, ce dont nous devons nous
occuper, c'est de ranimer la cordialité
et la confiance de la Porte, que les in-
trigues et les manœuvres des puissances
rivales ont cherché à altérer. Il seroit
facile de démontrer que la nation ottomane, la seule peut-être qui ait conservé la probité politique, inébranlable
dans ses principes, fidelle à ses enga-
gemens, conserve toute son affection
pour la France, comme un homme conserve pour une maitresse avec laquelle
il vit depuis long-temps, cet attachement, ces complaisances, cette tolé-
rance inséparables des liens d'une longue
habitude, qui obtient souvent le pardon
de quelques infidélités.

En effet, la France et la Porte sont
les deux puissances qui tirent le plus
l'une de l'autre, et qui ont le plus de
besoins mutuels ; la nature de ces besoins, et leur position géographique,
leur auroient dû dicter depuis long-
temps les clauses du traité de commerce qui auroit r'ouvert au commerce
de l'Inde ses anciennes routes : trop
éloignées l'une de l'autre, pour pouvoir
jamais se nuire, placées aux deux ex-
trémités de l'Europe, assises, si j'ose
m'exprimer ainsi, dans les deux bassins
de la balance, leur intelligence pourroit
en maintenir l'équilibre, pourroit rendre
moins fréquentes les guerres toujours
funestes, même aux peuples vainqueurs,
et dans lesquelles une nation, quelque
puissante qu'elle soit, n'acquiert jamais
une grande gloire qu'aux dépens de sa
prospérité.

La navigation sur la mer Noire, la
communication avec l'Inde, par les anciens canaux soit de terre soit de mer,
s'ouvriroit alors à la voix de notre gou-

vernement. On diroit au grand seigneur
combien il est important pour le main-
tien de ses états , de se remettre en
possession d'un commerce qui faisoit autrefois le patrimoine de ses prédécesseurs , et pour lequel les soudans d'É-
gypte ont lutté si long-temps contre les
Portugais, qui , à l'exemple des Anglais,
s'en étoient faits les usurpateurs. Seroit-
il bien difficile d'engager le divan à diminuer les droits d'entrée et de sortie ,
qui seroient plus que doublés par la
quantité de marchandises qui passeroient
par ses douanes ? Seroit-il bien difficile
de prendre , de concert avec la Porte ,
les précautions dont il faudroit s'entourer
pour résister aux Arabes bedouins qui
pillent les caravanes ?

· Quatre-vingt maisons françaises déjà
établies dans les échelles du Levant,
serviroient à diriger le gouvernement
dans le choix des pays où il faudroit
placer les comptoirs. Nul autre ne peut
entrer en parallèle d'avantages avec l'É-
gypte. Elle est à la porte de la France,

et quinze jours conduisent nos flottes de Toulon à Alexandrie. Par l'Égypte nous toucherions à l'Inde, nous en dériverions tout le commerce de la mer Rouge, nous rétablirions l'ancienne circulation par Suès, et nous ferions déserter la route du cap de Bonne-Espérance. Par les caravanes d'Abyssinie, nous attirerions à nous toutes les richesses de l'Afrique intérieure, la poudre d'or, les dents d'éléphant, les gommes. En favorisant le pélerinage de la Mecque, nous jouirions de tout le commerce de la Barbarie jusqu'au Sénégal. Par sa position géographique, Marseille est l'entrepôt le plus naturel de la Méditerranée; son port est excellent, et ce qui le rend plus précieux, placé sur la frontière d'un pays vaste et riche en denrées, il offre à la consommation les débouchés les plus étendus, les plus actifs, et devient le marché le mieux assorti, où par conséquent les vendeurs et les acheteurs se rendront toujours de préférence.

Il faut l'avouer, ce tableau, qui n'a rien d'exagéré, est bien capable de séduire, et peu s'en faut qu'en le traçant le cœur ne s'y laisse entraîner. Mais la prudence doit guider même la cupidité, et avant de courir aux amorces de la fortune, il convient de chercher les moyens d'écarter les obstacles qui en séparent.

Ils ne sont ni grands ni nombreux ces obstacles, puisque le transport des marchandises du Suès au Caire, n'est que de trois journées de chemin. Tout le monde sait combien le chameau abonde dans les districts de l'Asie et de l'Afrique, où les déserts sont très-multipliés et très-étendus. Ces voyages, impraticables pour tout autre animal, le chameau, que les Arabes nomment avec emphâse *le vaisseau du desert*, les exécute avec une étonnante promptitude; il consomme peu, et porte de gros fardeaux; sa charge ordinaire est d'environ sept cent cinquante livres; sa nourriture est tout ce qu'on lui donne, paille, chadons, les noyaux des dattes, fèves, orge, etc. : une livre de nourriture et autant d'eau, le chameau voyagera pendant des semaines. Dans la traversée du Caire à Suès, qui est de cinquante à cinquante-six heures, en comptant les repos, il ne mange ni ne boit ; mais ces longs jeûnes si souvent répétés, l'épuisent. Sa marche ordinaire est très-lente ; il fait à peine au-delà de deux milles par heure : il est inutile de le presser, il ne précipitera point ses pas ; mais si on lui accorde quelque repos, il marchera quinze ou dix-huit heures par jour.

On pourra, avec le temps, parvenir à creuser un canal qui joigne la mer Rouge à la Méditerranée. Ptolémée en avoit fait un qui, du port d'Arsinoé communiquoit à un bras du Nil ; la nature n'y oppose pas maintenant plus d'obstacles qu'on n'en avoit à vaincre alors. L'Égypte, dans tous les temps, fut remplie de canaux, et en conserve toutes les traces. On prétend qu'il y en avoit anciennement six mille , tant grands que petits.

Quant à l'isthme de Suès , on ne pensera pas sans doute à le couper , les obstacles en paroissent presque insurmontables , et l'intermède du Nil dispense d'en chercher les moyens.

Le projet de rétablir les anciennes communications de l'Inde avec l'Europe, a pour objet principal de remettre entre les mains des Turcs et des Français un commerce que la nature semble leur réserver , et il en résulteroit un effet bien désirable : ce seroit la destruction du monopole des Anglais dans le Bengale et sur l'Océan. Je ne connois guères que ce moyen de réduire à ses véritables dimensions cette puissance gigantesque et artificielle , puisqu'elle prend hors de chez elle tout ce qu'elle revend sur des territoires étrangers. La véritable manière de lui fermer , en Europe , tous les ports qui lui servent de débouchés , c'est de fournir nous - mêmes les consommateurs. Ce gouvernement n'ignore

pas les vœux secrets qui se forment de
toutes parts pour le renversement d'un
édifice qui offusque tous les autres de
son ombre. Les Anglais, plus portés à
s'affliger de la prospérité d'autrui, qu'à
jouir de la leur, ne veulent pas seulement être riches, ils veulent être les
seuls riches. Leur ambition est d'acquérir,
comme celle de Rome étoit de com-
mander. Toutes leurs guerres ont pour
but leur commerce, et le désir de le
rendre exclusif leur a fait commettre les
plus grandes injustices.

Quant au projet de déterminer la plupart des cabinets à s'unir à nous contre
un peuple que sa tyrannie sur les mers
doit faire regarder comme l'ennemi de
toutes les nations, je le crois très-juste
et brillant dans la théorie, mais plus
difficile dans ses moyens d'exécution,
que celui de donner au commerce de
l'Inde son ancienne direction. Ce seroit
la première fois qu'on auroit vu en Europe une coalition de puissances tendre
au même but ; et quand on seroit même

venu

venu à bout de la former , comment
compter de sa part sur la persévérance
sans laquelle il n'y a point de succès.

L'Afrique peut donc devenir ce qu'elle
a été autrefois, la médiatrice des échanges
de l'Europe et de l'Asie. Un projet aussi
vaste demande beaucoup de temps et de
combinaisons pour arriver à son point
de maturité. Il est la base sur laquelle
il faut poser les fondemens du nouveau
système politique et commercial qu'il est
indispensable d'établir. En r'ouvrant les
anciennes routes du commerce de l'Inde,
nous sommes assurés de frapper le plus
grand coup qu'on puisse porter à l'Angleterre , que la nature n'a destinée qu'à
être une puissance secondaire. Par-là,
et par-là seulement nous régénérerions
notre marine, notre vigueur et notre
consistance, et nous ressaisirions sur les
mers et dans le commerce, l'ascendant
qui nous échappe ; par-là nous devien-
drions supérieurs aux révolutions ex-
ternes que le cours de la nature et des
événemens amène et nécessite. Il ne faut

pas nous abuser ; l'état de choses qui nous environne, ne peut pas toujours durer ; le temps prépare sans cesse de nouveaux changemens, et le siècle prochain est destiné à en voir d'immenses dans le système politique du monde entier. Le sort n'a pas dévoué les Indes à être éternellement les esclaves de l'Angleterre. Notre révolution a ouvert pour le globe entier une nouvelle carrière, et plutôt ou plus tard les chaînes qui en tiennent une partie encore asservie, échapperont à ses maîtres ; l'Inde commence à s'agiter, et pourra se délivrer bientôt d'une tyrannie étrangère, le commerce prendra d'autres routes, et la fortune des peuples sera changée. Ainsi l'empire factice que s'étoient fait quelques états de l'Europe, sera de toutes parts ébranlé et détruit, et i's seront réduits à leur propre terre. L'issue de cette crise ne seroit peut-être pas éloignée, si la France sait profiter de tous les avantages que lui offre la Méditerranée ; ils sont tels que leur poids livré à lui-

même, entraîneroit toujours vers nous
la balance du commerce.

On sent que dans cet écrit, trop long
peut-être pour les lecteurs, mais trop
court pour admettre tous les détails favorables à ce projet, j'ai dû me borner
à indiquer les principaux avantages qu'en
retireroit la France. Les navigateurs et
les négocians donneront à mes idées le
développement que je leur dérobe, et
qui leur seroit peut-être nécessaire pour
les faire mieux goûter ; mais je suis sûr
qu'elles sont nées du vif intérêt que m'ins-
pira toujours le pays qui m'a vu naître.

Ce sujet rappelle une question dont
on s'est occupé assez souvent en Europe, et qui, dans les circonstances ac-
tuelles, fixe l'attention publique ; savoir:
s'il ne seroit pas possible de couper
l'isthme qui sépare la mer Rouge de la
Méditerranée, afin que les vaisseaux
pussent se rendre dans l'Inde par une
route beaucoup plus courte que celle du
cap de Bonne-Espérance. D'un côté, on

G 2

est porté à croire cette opération pra-
ticable, à raison du peu de largeur de
l'isthme; d'un autre côté, on la présente
comme impossible, ou au moins très-
dangereuse, à raison de la plus grande
élévation de le mer Rouge sur la Méditerranée.

Les anciens ont pensé que la mer
Rouge étoit plus élevée que la Méditerranée; on ignore les preuves qu'ils
prétendoient en donner. Quelques physiciens modernes ont pensé de même :
voici leurs raisons. Tout le monde sait
que le courant du détroit de Gibraltar
entraîne les eaux de l'Océan dans la
Méditerranée. Cette direction des eaux
dans le détroit de Gibraltar, a donné
lieu à l'opinion que le niveau de la
Méditerranée est plus bas que celui de
l'Océan, qui, étant lui-même de niveau
avec la mer Rouge, prouve que celle-ci
est plus élevée que la Méditerranée.

Il paroît d'abord que rien n'est plus
contraire à toutes les lois de l'hydrau-
lique et de la physique, que d'imaginer

deux mers qui se communiquent, et qui ne se mettent pas au niveau, à moins qu'il n'y ait une force constante qui soutienne les eaux de la mer la plus haute, et il faut que cette force surpasse le poids des eaux de cette mer. On a de la peine à imaginer d'autre cause qui puisse produire un pareil effet, qu'un vent violent et continuel; mais personne ne prétend qu'il y ait un vent très-fort dans la Méditerranée, qui souffle continuellement contre l'Océan; d'ailleurs, il paroît que ce vent n'agiroit qu'en refoulant les eaux de l'Océan, et les empêchant de couler dans la Méditerranée. Cependant, la seule preuve qu'on nous oppose, est le courant qui entraîne les eaux de l'Océan dans la Méditerranée.

La preuve tirée de la direction du courant, ne prouve pas la pente. Cette direction est une preuve concluante pour un fleuve, parce qu'on sait qu'il y a une pente, et que la pente ne peut pas être opposée au courant; mais si on admettoit cette preuve pour le niveau de

G 3

la mer, elle ne seroit presque nulle part de niveau, puisqu'elle est remplie de courans voisins les uns des autres et en sens opposés. Il n'y a point de détroit où on ne remarque un courant sensible; ainsi, toutes les mers séparées par un détroit, deviendroient des mers d'une hauteur différente, si cette preuve étoit admise pour prouver leur niveau.

On dira que le courant de chaque détroit, est ordinairement de l'est à l'ouest, ce qui est le sens du mouvement général des eaux de la mer, ensorte que les courans ont dû être produits par ce mouvement général des eaux, quand elles se sont trouvées resserrées dans un petit espace; le courant du détroit de Gibraltar, au contraire, va de l'ouest à l'ést: ainsi il faut une autre cause, et cette autre cause ne peut être que la pente.

Mais on connoît d'autres courans qui vont aussi à l'est. On en cite plusieurs exemples, entr'autres ceux qui sont depuis le Cap - Verd jusqu'à la baie de Fernandopo.

On soutient encore que le détroit de
Gibraltar a été forcé par la violence des
eaux de l'Océan. Pour cela, il faut qu'il
y ait eu un courant pareil venant ou
du cap Saint-Vincent ou de la côte d'A-
frique : or, ce courant déjà existant
avant la rupture, n'étoit pas dû à la
pente, et aura déterminé la direction
des eaux dans le détroit de Gibraltar.

Cette différence de niveau supposée
mène à soupçonner qu'il seroit peut-être
dangereux de percer l'isthme de Suès;
mais quand cette différence de niveau
seroit réelle, il semble qu'on pourroit y
remédier avec des écluses.

La mer Rouge paroît à nos adver-
saires, plus élevée que la Méditerranée.
Les raisons en sont, 1°. que la mer
Rouge est un bras de l'Océan, puisqu'elle
a du flux et du reflux, et qu'elle participe aux grands mouvemens de l'O-
céan; 2°. que ne recevant point de fleuve
d'un côté, et en recevant fort peu de
l'autre, elle n'est pas sujette à diminuer
comme les mers et les lacs qui reçoivent

G 4

en même temps les terres et les eaux
que les fleuves y amenent et se rem-
plissent peu à peu; 3°. que la Méditerranée reçoit le Nil qui coule parallè-
lement à la côte occidentale de la mer
Rouge, et traverse l'Égypte dans toute
sa longueur, dont le terrein est par lui-
même extrêmement bas.

Je ne vois pas les conséquences qu'on
peut tirer de ces propositions. Elles nous
donnent à entendre que les mers dimi-
nuent quand elles reçoivent en même
temps les terres et les eaux que les fleuves
leur amènent. Je conçois que ces terres
chariées, peuvent élever le fond de la
mer où elles sont déposées, mais je ne
vois pas qu'elles en puissent baisser la
surface, et c'est du niveau de la surface dont il est ici question. Quant au
cours du Nil parallèle à la côte de la
mer Rouge, on ne saisit pas l'induction
qu'on en peut tirer pour la comparai-
son du niveau des deux mers. Je conviens que la mer Rouge est aussi élevée
que l'Océan, et j'en conviens d'autant

plus volontiers que je conçois difficile-
ment comment une mer peut être plus
élevée qu'une autre. Voyons ce qu'on
en peut conclure.

On conclut que si on coupoit l'isthme,
la mer Rouge inonderoit les côtes de
la Méditerranée ; et on ajoute, que quand
on ne voudroit pas convenir que la mer
Rouge est plus élevée que la Méditerranée, il seroit toujours certain, qu'après
la rupture de l'isthme, le flux et reflux
qui est très-sensible dans la mer Rouge,
et qui ne l'est point du tout dans la
partie orientale de la Méditerranée, suffiroit pour faire passer une grande quantité d'eau de l'une dans l'autre. Il me
semble, au contraire, que, quelque sentiment qu'on embrasse, il peut et il doit
arriver la même chose qu'au détroit de
Gibraltar.

Si on croit que la Méditerranée est
au niveau de l'Océan, les eaux de la
mer Rouge ne la feront pas déborder.
Cette mer est sujette au flux et au reflux ;
mais elle ne l'est pas plus que le véri-

table Océan, auquel cependant la Méditerranée communique de l'autre côté.

Si on croit que la Méditerranée soit
plus basse que l'Océan, il y a sans doute
quelque cause physique inconnue jusqu'à
présent, qui empêche les eaux de l'Océan
de se mettre au niveau, et il est possible
et même vraisemblable que la même cause
subsiste pour celles de la mer Rouge.
Dans cette supposition les eaux de l'O-
céan, qui coulent dans la Méditerranée
par un canal fort large, ne la font pas
déborder. Il en seroit ainsi des effets
que produiroit le courant de la mer
Rouge, s'il s'en établissoit un, quand
l'isthme seroit coupé.

On va encore plus loin, et d'après
ce raisonnement on a jeté des doutes sur
la possibilité et l'exécution du canal de
communication qu'on dit avoir existé
entre le Nil et la mer Rouge. On ob-
jecte que la violence et la hauteur des
marées de la mer Rouge, se seroient
nécessairement communiquées aux eaux
de ce canal, ce qui auroit mis dans

'impossibilité de s'en servir , et qu'au
moins il auroit fallu de grandes précautions et les plus grands travaux pour
les contenir.

Mais l'existence de ce canal est invin-
ciblement démontrée , et par les traces
qui en subsistent encore malgré le ra-
vage des temps, et par tant de témoi-
gnages, que la nier , ce seroit se refuser
à tout l'ascendant des vérités historiques.
Il y a apparence qu'on aura choisi dans
le cours du Nil un point plus élevé que
le niveau de la mer et du fleuve, pour
en faire partir ce canal , ou plutôt
qu'entre le Nil et la mer on aura ras-
semblé les eaux dans un endroit plus
élevé que l'un et que l'autre , et que
de ce point on aura fait partir deux
canaux qui auront établi la communication. En effet, on trouve que la même
difficulté a dû se rencontrer au canal de
Languedoc, puisque ce canal sert aussi
à la communication de deux mers , dont
l'une est plus élevée que l'autre , suivant
le système que nous combattons. Je n'y

vois aucune différence réelle , tirée de
la force de la marée et de la différence
du niveau des deux mers , et ce ne sont
que ces deux obstacles-là dont je prétends
parler,

Quant aux autres difficultés qu'on auroit à surmonter dans l'exécution du
canal de Suès , comme celles de ra-
masser des eaux dans un terrein aride ,
de creuser un canal dans des sables
mouvans , sur-tout la crainte de ces en-
sablemens fréquens en Égypte, qui infailliblement combleroient le canal, nous
allons les examiner. Ce sont vraisem-
blablement les seules qu'on ne pourroit
pas vaincre.

1°. Il est bien vrai que l'espace qui
sépare les deux mers , n'est pas de plus
de dix-huit à dix-neuf lieues communes ;
il est bien vrai encore que ce terrein
n'est point traversé par des montagnes,
et que du haut des terrasses de Suès
l'on ne découvre, avec la lunette d'approche , sur une plaine nue et rase à
perte de vue, qu'un seul rideau dans la

partie du nord-ouest : aussi , ce n'est
point la différence des niveaux qui s'oppose à la jonction ; mais le grand obs-
tacle est que dans toute la partie où la
Méditerranée et la mer Rouge se ré-
pondent , le rivage de part et d'autre
est un sol bas et sablonneux , où les
eaux forment des lacs et des marais
semés de grèves , ensorte que les vaisseaux ne peuvent s'approcher de la côte
qu'à une grande distance. Or , comment
pratiquer , dans des sables mouvans ,
un canal durable ? D'ailleurs , la plage
manque de ports , et il faudroit les construire de toutes pièces : enfin , le terrein
manque absolument d'eau douce , et il
faudroit , pour une grande population ,
la tirer de fort loin , c'est-à-dire , du
Nil.

Le meilleur et le seul moyen de
jonction , est donc celui qu'on a pra-
tiqué plusieurs fois avec succès ; savoir :
de faire communiquer les deux mers
par l'intermède du Nil. Ce fut , en effet ,
une des entreprises les plus étonnantes

des hommes. Celui qui en conçut l'idée, et qui put s'en promettre l'exécution, fut un de ces génies bienfaiteurs de l'humanité.

Les monumens ne présentent, dans l'antiquité, rien de plus intéressant que les canaux d'Égypte. Ce pays, autrefois le séjour des sciences et des arts, quoique déchu de son ancien état de grandeur, et tombé dans la barbarie, nous offre encore des vestiges d'une magnificence qui n'eut jamais son égale. L'Égypte est une longue vallée qui s'étend du nord au sud; à l'Orient, elle est terminée par l'Arabie; à l'Occident, par la Lybie. Une si grande étendue de pays, qui comprenoit environ sept à huit degrés de latitude de cinquante-sept mille toises chacun, n'étoit arrosé que par un seul fleuve; mais la fertilité qui a été attribuée à l'Égypte, lui venoit bien moins du sol, que de l'industrie d'un peuple nombreux exercé pendant une longue suite de siècles à des travaux utiles. Tout le monde connoît les

Pyramides , le lac Mœris , et la quantité
innombrable de canaux qui furent creusés
dans ce pays. Les Égyptiens , qui sai-
sirent de bonne heure l'état de ce local,
en prirent l'idée de joindre les deux
mers par un canal conduit au fleuve.
Ils étoient trop clairvoyans , pour avoir
négligé un moyen dont ils devoient re-
tirer tant de profit ; aussi firent-ils, en
différens temps, plusieurs tentatives pour
exécuter ce grand dessein. Le terrein
s'y prête sans effort , car le mont Mogattam s'abaissant tout-à-coup à la
hauteur du Caire , ne forme plus qu'une
esplanade basse et demi-circulaire, autour de laquelle règne une plaine d'un
niveau égal , depuis le bord du Nil
jusqu'à la pointe de la mer Rouge.

On compte communément 30 heures
de marche du Caire au Suès. M. Granger
n'évalue la distance qu'à 21 lieues. Il
a fait cette route en 26 heures , et Mon-
conys n'en compte pas davantage. Le
journal d'un comité vénitien , qui fit la
route jusqu'à Diu dans l'Inde , sur la

flotte de Soliman, et publié par Ramusio (Tom. I. fol. 304), marque 80 milles entre le Caire et le Suès ; c'est environ 3 milles par heure, à raison de 26 de marche. Il est à remarquer que, par différentes directions, la route frayée dans cet espace, décrit un arc sensible ; ainsi, un intervalle qui, sur la carte de l'É-gypte, ne s'évaluera en droite ligne qu'à environ 57 mille toises, en con-sume 66 milles par les déviations de la route ; sans les circuits de détail qui échappent à notre connoissance. Chaque heure de marche est en même temps de plus de 2500 toises, et les lieues, sur le pied de 21 en cette distance, sont de trois mille cent et quelques toises.

Quoi qu'il en soit, Strabon (1) ob-serve que le plus ancien canal qui joi-gnoit les deux mers, fut construit par Sésostris, qui régnoit du temps de la guerre de Troie ; et cet ouvrage avoit fait assez de sensation, pour qu'on eût

(1) Liv. XVII.

noté

noté qu'il avoit cent coudées de large, sur une profondeur suffisante à un grand vaisseau.

Suivant Hérodote (1), il y avoit un canal dans la plaine du Nil, au-dessus de la ville de Bubaste, et au-dessous d'une montagne qui alloit du côté de Memphis. Ce canal s'étendoit fort loin d'Occident en Orient, ensuite il rabattoit au Midi, et se rendoit dans la mer Rouge. Necos, qui régnoit 616 ans avant l'ère vulgaire, avoit le premier entrepris cet ouvrage, dans lequel il avoit péri cent vingt mille hommes, et il l'avoit abandonné sur la réponse d'un oracle. Mais Darius, fils d'Histaspe, roi de Perse, 520 ans avant Jésus-Christ, l'avoit achevé ; il étoit de quatre journées de navigation, et deux galères pouvoient y passer de front.

Diodore de Sicile attribue aussi à Necos l'entreprise du canal, mais il ajoute qu'il communiquoit à l'embou-

_____

(1) Liv. II.

H

chure pélusienne , c'est - à - dire , à la
branche la plus orientale du Nil ; que
Darius le laissa imparfait , parce que
des ingénieurs lui représentèrent que la
mer Rouge étant plus haute que l'É-
gypte , elle l'inonderoit ; et selon cet
auteur , l'ouvrage ne fut achevé que par
Ptolémée Philadelphe , 280 ans avant
Jésus-Christ. Il dit que c'est pour cette
raison que ce canal fut appelé *canal* ou
rivière de Ptolémée , et que ce prince
avoit fait bâtir , à son embouchure , dans
la mer Rouge, une ville qu'il nomma *Arsinoé* du nom d'une sœur qu'il aimoit ,
et que l'on pouvoit ouvrir ou fermer le
canal selon que cela étoit nécessaire à
la navigation.

Strabon , en s'accordant pour le reste
avec Hérodote et Diodore , diffère cependant du premier , en ce qu'il fait
commencer au bourg de Phacusa le
canal qu'Hérodote fait partir de Bubaste.

Que le canal ait été ouvert et conduit
jusqu'à la mer Rouge , c'est ce dont l'autorité d'Hérodote , de Strabon , de Dio-

dore de Sicile, ne permet pas de douter.
M. d'Anville a très-bien marqué le commencement et le cours de ce canal, dans
sa carte d'Égypte.

Ceux qui sont cités pour avoir mis la
main à ce grand ouvrage, sont : Sésostris, Psamméticus, Necos, et Darius.
Mais, soit que Ptolémée Philadelphe
étant venu le dernier, ait effacé la gloire
de ses prédécesseurs, soit qu'en effet il
y ait travaillé plus qu'aucun autre, c'est
lui qui passe principalement pour être
l'auteur du canal. Ptolémée, fils de Lagus,
aussi-tôt qu'il eut pris possession de l'É-
gypte, fit d'Alexandrie le siége du gouvernement. Quelques coups d'autorité,
plusieurs actes de libéralité, mais sur-
tout la douceur et la justice de son administration, attirèrent un si grand
nombre d'habitans autour de sa nouvelle
résidence, que cette ville étonna bientôt
par sa nouvelle population. Comme de
tous les officiers d'Alexandre, Ptolémée
étoit celui qui avoit le plus mérité et
obtenu sa confiance, il savoit très-bien

que son but principal , en fondant Alexandrie , avoit été de s'assurer les avantages qui résultoient du commerce avec
l'Inde. Il falloit, pour ce dessein , un
règne long et heureux , et quoique les
auteurs anciens ne nous aient pas mis
à portée d'apprécier les démarches de
Ptolémée à ce sujet, il nous a laissé une
preuve frappante du grand intérêt qu'il
attachoit aux affaires maritimes , dans le
fanal de l'île de Pharos , bâti à l'embouchure du port d'Alexandrie, ouvrage
qui , par sa magnificence , a mérité d'être
mis au nombre des sept merveilles du
monde.

Quant aux arrangemens de commerce
de son fils Ptolémée Philadelphe , ils
nous sont beaucoup mieux connus. Pour
faire d'Alexandrie le centre du commerce
de l'Inde , qui commençoit à se ranimer
à Tyr, son ancien séjour , il acheva de
construire le canal commencé entre Arsinoé et la mer Rouge , non loin de
l'emplacement de la nouvelle Suès et la
branche pélusienne et orientale du Nil ,

par le moyen duquel on pouvoit conduire les marchandises de l'Inde dans
la capitale de l'Égypte entièrement par
eau (1). Mais , soit qu'on ait éprouvé
des obstacles dans son entretien , soit
que la navigation lente et dangereuse
de l'extrémité septentrionale de la mer
Rouge , l'eût rendu bien peu utile pour
faciliter la communication avec l'Inde ,
il fit bâtir , sur la côte occidentale de
cette mer , et presque sous le tropique ,
une ville à laquelle il donna le nom de
Bérénice (2). Cette nouvelle ville devint bientôt l'entrepôt du commerce avec
l'Inde. De Bérénice les marchandises
étoient transportées par terre jusqu'à
Cophtos , ville à trois milles de distance
du Nil , mais qui s'y joignoit par un
canal navigable dont on trouve encore
les restes (3) ; de-là elles étoient conduites par eau à Alexandrie. Il y avoit

---

(1) Strabon, Liv. XVI.
(2) Strabon, Liv. XVII.
(3) d'Anville , Mém. sur l'Égypte.

H 3

entre Bérénice et Cophtos, selon Pline,
une distance de 258 milles romains, et
le chemin étoit coupé à travers le désert, presque sans eau, de la Thébaïde.
Mais la vigilance d'un monarque puissant sut bientôt suppléer à ce défaut,
en faisant chercher des sources, et par-
tout où l'on en trouvoit, bâtir des au-
berges, ou plutôt, à la manière orientale, des caravanserails, pour la commodité des marchands. C'est par cette
voie que le commerce de l'Orient et de
l'Occident, continua à se faire pendant
deux cent cinquante ans, tant que le
royaume d'Égypte conserva son indé-
pendance. Les vaisseaux destinés pour
l'Inde, partoient de Bérénice, et, cô-
toyant le Golfe arabique, continuoient
leur course sur la côte de Perse, droit
à quelque marché sur la côte occidentale de l'Inde. Le commerce semble avoir
été long-temps borné, sous la protection des monarques égyptiens, à cette
partie de l'Inde qu'Alexandre avoit vi-
sitée et soumise.

Pline , en parlant du canal qui joignoit les deux mers , dit qu'il fut commencé par Sésostris , qui régnoit en Égypte , 970 ans avant Jésus-Christ, près de Bubaste. Il dit ensuite que Darius y travailla après Sésostris , de même que Ptolémée II après Darius ; et il ajoute , que ce dernier fit conduire le canal jusqu'aux fontaines amères , mais qu'il cessa d'y faire travailler , ayant reconnu que la mer Rouge étoit plus haute de trois coudées que le sol d'Égypte.

Mais , quel que soit le prince qui ait conduit l'ouvrage à sa fin , il est bien sûr qu'il a été terminé. Strabon assure que les marchands d'Alexandrie trouvoient une issue du Nil , dans le Golfe arabique , pour aller dans les Indes. Il n'y a de difficulté que sur le point où commençoit l'ouverture de ce canal.

Quant à l'inondation qui pouvoit être causée par la hauteur de la mer Rouge , Strabon soutient qu'elle ne pouvoit avoir lieu , et que la crainte qu'on en avoit ,

étoit chimérique (1) , parce que la mer
Rouge n'étoit point élevée au-dessus de
la Méditerranée comme on le prétendoit.
Quelques physiciens modernes ont entrepris de le prouver : tel est le père
Fournier dans son Hydrographie , qui
observe que les eaux de toutes les mers
qui communiquent entr'elles sont de niveau. Ricioli dit la même chose dans son
Almageste. Archimède l'avoit aussi dé-
montré.

La longueur de ce canal étoit de mille
stades, qui font soixante-quinze mille
toises, suivant M. d'Anville. La longueur, suivant Strabon, étoit de cent
coudées, qui font cent soixante-onze pieds
de France. Les cent coudées que M. l'abbé
Ameilhon, dans un Mémoire sur le commerce des Egyptiens, a évaluées à cent
cinquante pieds, suivant l'usage ordinaire de ne donner que dix-huit pouces
à la coudée, devoient faire cent soixante-
dix pieds dix pouces, suivant M. d'An-

_____

(1) Strabon, Liv. XVII.

ville , qui a trouvé que la coudée égyp-
tienne étoit de vingt pouces et demi, par
l'analyse qu'il en a donnée sur l'ancienne
Jérusalem. Quant à la profondeur, Strabon ne dit pas de combien elle étoit, mais
seulement qu'elle étoit suffisante pour
des navires de grand port. Cette indica-
tion ne présente que des idées vagues
et qui ont trompé ceux qui ont voulu
s'en servir pour conjecturer la profondeur du canal.

Il n'est pas aisé d'estimer quelle étoit
la pente du canal depuis son commencement jusqu'à son débouché dans la mer:
il passoit par des lieux hauts et bas , et
par des marais d'eau salée, où sa profondeur devoit être inégale , mais toujours
assez grande pour des navires qui tiroient dix à douze pieds d'eau. Sa pente,
dans tout son cours, devoit être aussi
proportionnée à sa longueur , qui étoit
de mille stades, ou trente lieues. Il falloit
encore que la hauteur de son embouchure fut proportionnée à celle des eaux
de la mer dans le temps des hautes ma-

rées, à l'endroit où le canal aboutissoit :
il étoit trop large pour déboucher par tout
sa largeur, qui étoit de cent soixante-
onze pieds ; et il y a lieu de croire qu'il
avoit été retréci à son extrémité, et di-
rigé de façon qu'en cet endroit les eaux
de la mer n'étoient jamais plus hautes
que celles du canal, afin que, quand les
unes et les autres se trouvoient à peu près
à la même hauteur, les navires pussent
passer de la mer dans le canal, et du
canal dans la mer.

Suivant Strabon : après que Ptolémée
eut fait achever le canal, dont le commencement étoit à Phacusa, les rois, ses
successeurs, le faisoient ouvrir et fermer
à volonté ; on le débouchoit lorsqu'ils vou-
loient aller sur la mer, et qu'ils pouvoient
le faire sans danger. Ces opérations,
d'ouvrir et de fermer le canal, ne pouvoient guères se faire autrement que par
des digues qu'on abattoit et qu'on re-
fermoit ensuite, l'une au bord du fleuve,
d'où l'eau tomboit dans le canal, et
l'autre à sa sortie dans la mer Rouge,

pour empêcher l'eau de la mer d'y entrer dans le temps des grandes marées;
car il devoit y avoir alors un reflux dans
le canal. Strabon le fait assez entendre
en employant le mot d'euripe, puisqu'il
dit qu'on bouchoit l'euripe, au lieu de
dire qu'on bouchoit le canal.

Le mot *euripe* est un terme par lequel
on a entendu quelquefois le flux de deux
courans opposés, qui, venant à fondre
directement l'un contre l'autre, produisent, par la violence de leur choc, des
remoux et des tourbillons plus ou moins
grands avec des espèces de gouffres dans
le centre. Au reste, les interprètes ne
s'accordent pas sur l'explication de cet
euripe. Il y en a qui croyent que c'étoient
des portes d'écluses ou des pertuis, tels
qu'on en voit beaucoup actuellement.

Parmi le grand nombre des auteurs qui
ont parlé des travaux entrepris pour le
canal de Ptolémée et de la consommation
de cet ouvrage, il ne s'en trouve aucun
qui marque si l'exécution de ce projet
eut le succès qu'on en attendoit, et si

réellement il en résulta un avantage pour
le commerce. D'après ce silence de tous
les auteurs anciens qui ont parlé de ce
canal, on est porté à croire que la navigation n'y fût jamais bien établie. Sans
doute que plusieurs causes imprévues
l'ont rendu, sinon impraticable, au moins
assez difficile pour avoir formé des obstacles à l'importation et à l'exportation des
marchandises étrangères par cette voie,
puisque les écrivains ne font aucune mention de la réussite, ni des avantages que
l'Egypte en auroit retirés. On peut in-
férer de leur silence sur une matière aussi
importante, que ce canal ne fût pas en-
tretenu avec assez de soin, et qu'il dé-
périt avant que le commerce eût pris son
cours de ce côté là.

Quand une fois un grand commerce a
pris son cours et s'est fait long-temps par
une voie, il n'est guères possible de le
faire changer tout d'un coup ; ce ne peut
être que l'ouvrage du temps ; et en attendant, il ne faut pas moins entretenir
un canal avec soin et à grands frais.

Peut-être aussi que des vues politiques éloignèrent le commerce du canal. Les rois d'Egypte furent souvent en guerre avec les rois de Syrie et avec les Arabes. Le canal étoit une forte barrière qui empêchoit les ennemis, venant par l'isthme de Suès, de pénétrer dans l'intérieur de l'Egypte. En effet, un retranchement aussi large et aussi profond étoit inattaquable, pour peu qu'il fut défendu : on pouvoit bien tenter, lorsqu'il étoit plein d'eau, de le passer avec des bateaux et des radeaux ; mais quand il étoit à sec, indépendamment de la difficulté qu'il y avoit à y descendre d'un côté, et à y monter de l'autre, les assaillans devoient être arrêtés par la crainte d'être noyés, sachant qu'on pouvoit le remplir d'eau quand on vouloit. Cela suffisoit pour faire perdre aux ennemis l'envie de tenter une pareille entreprise.

Quoi qu'il en soit, il paroît que le défaut de commerce sur le canal, son excessive largeur et sa grande profondeur, l'abondance des sables qu'il falloit enlever, et les grandes dépenses qu'exigeoit son entretien, contribuèrent également à sa destruction. Elle sera arrivée successivement par parties durant l'espace de 35o ans, qui se sont écoulés depuis le règne de Ptolémée Philadelphe, jusqu'au milieu du règne de Trajan.

Le canal que ce prince fit ouvrir en Egypte, pour communiquer du Nil à la mer Rouge, fut fait à l'exemple du canal des rois : il y a apparence que c'étoit le même canal, creusé par Ptolémée, que Trajan ou Adrien firent nétoyer ou rétablir. Le géographe Ptolémée vivoit du temps de Trajan, qui monta sur le trône l'an 98. C'est le seul auteur ancien qui parle de ce canal. Les Arabes appellent encore canal d'Adrien celui qui est auprès du Caire, et qui reçoit les eaux du Nil dans le temps des inondation. On ne voit pas de quelle largeur ni de quelle profondeur étoit le canal de Trajan. M. Leblond présume que pour le préserver des inconvéniens de l'autre canal, on le fit moins large et moins pro-

fond , afin de le faire servir seulement à
la navigation des petits bâtimens propres
au transport des marchandises et des
denrées. En effet , au lieu de le faire
aboutir à Arsinoé , où la mer étoit fort
haute dans les grandes marées, on le con-
duisit à *Heroopolis*, où la mer ne devoit
pas monter plus haut qu'elle ne monte
présentement au port de Suès. Or, ce port
n'est point abordable aux grands navires,
puisque l'eau n'y monte qu'à cinq pieds
dans les marées ordinaires; enfin il n'y
a pas jusqu'aux Arabes qui n'aient suivi
ces exemples. Omar ayant conquis la
Perse , la Syrie , l'Egypte , vers l'an 640,
dit l'historien Elmakin , les villes de la
Mecque et de Medine , souffrant de la
disette, le calife ordonna au gouverneur
d'Egypte , Amrou , de tirer un canal du
Nil à Colzoum sur la mer Rouge , afin
de faire passer désormais par cette voie
les contributions de blé et d'orge assi-
gnées à l'Arabie. C'est ce même Amrou
qui , après un siége de quatorze mois,
et après avoir perdu vingt-trois mille

hommes, fit flotter l'étendard de Mahomet sur la capitale de l'Egypte. « J'ai pris la
» grande ville de l'Occident, écrivit-il
» au calife; il n'est pas possible de faire
» l'énumération des richesses et des
» beautés qu'elle contient : je me con-
» tenterai d'observer qu'elle renferme
» quatre mille bains, quatre cents théâ-
» tres ou lieux de plaisir, douze mille
» boutiques de comestibles, et quarante
» mille tributaires juifs. La ville a été
» subjuguée par la force des armes; elle
» n'a obtenu ni traité, ni capitulation,
» et les Sarasins sont impatiens de jouir
» du fruit de leurs victoires ».

Le calife rejeta avec fermeté le projet du pillage, et ordonna à son lieu-
tenant de réserver la richesse et le re-
venu d'Alexandrie pour le service public. Amrou avoit un esprit plus curieux
et plus noble que celui des autres musulmans, et, dans ses heures de loisir,
il se plaisoit à converser avec Jean,
qui étoit le dernier des disciples d'*Am-
monius*, et qu'une étude assidue de la
grammaire

grammaire et de la philosophie avoit
fait surnommer *Philoponus.* Enhardi par
cette familiarité, Philoponus osa solliciter
une grace, à laquelle il pensoit que les
Barbares ne mettroient aucun prix ; il
demanda la bibliothèque impériale, qui
étoit la seule des dépouilles d'Alexandrie où l'on n'eût pas apposé le sceau
du vainqueur. Amrou étoit disposé à sa-
tisfaire le grammairien, mais sa scru-
puleuse intégrité ne voulut pas aliéner
la moindre chose sans l'aveu du calife;
et l'ignorance du fanatique a pu seule
dicter cette réponse d'Omar, qu'on a
cité si souvent : « Si les écrits des Grecs
» sont d'accord avec le koran, ils sont
» inutiles, et il ne faut pas les garder;
» s'ils contrarient les assertions du livre
» saint, ils sont dangereux et on doit
» les brûler ». On ajoute qu'on exécuta
cet arrêt avec une aveugle soumission,
que les volumes en papier ou en par-
chemin furent distribués aux quatre
mille bains de la ville, et que le nombre
en étoit si grand que six mois suffirent

I

à peine pour les consumer tous. On a
répété ce conte dix mille fois et tous
ceux qui aiment les lettres ont déploré
avec une sainte indignation la perte que
firent en cette occasion la littérature et
les arts. Quant à moi, je suis bien tenté
de nier l'ordre du calife, et les suites
qu'on lui attribue ; ce n'est point ici le
lieu d'en déduire les raisons.

Ce qu'on sait certainement c'est que
la naissance d'Amrou fut ignoble, mais
fameuse ; il reçut le jour d'une célèbre
prostituée, qui, de cinq guerriers qu'elle
recevoit chez elle, ne put dire lequel
étoit le père de cet enfant, mais d'après
la ressemblance des traits, elle l'attribua
à *Aasi*, le plus ancien de ses amans.
La jeunesse d'Amrou se passa au milieu
des passions et des emplois militaires.
Les deux premiers successeurs de Mahomet ne négligèrent pas son mérite ;
ils dûrent à sa bravoure les conquêtes
de la Palestine, et dans toutes les ba-
tailles et tous les siéges de la Syrie,
il montra les talens d'un général et la

valeur d'un soldat. Amrou établit l'administration de l'Égypte d'après les règles de l'équité et celles de la politique ; il s'occupa en même temps, sans prédilection, de l'intérêt des musulmans et de l'intérêt des chrétiens qui devinrent ses alliés. Au milieu des désordres qu'entraîne la conquête, le glaive des Arabes s'opposa principalement à la tranquillité de la province. Amrou leur rappela tous les motifs de religion et d'honneur qui devoient les engager à soutenir la dignité de leur caractère, à se rendre agréables à Dieu et au calife par leur simplicité et leur modération, à épargner et défendre un peuple qui se confioit à leurs paroles, et à demeurer satisfaits du prix éclatant que la loi accordoit à leurs victoires. Le tiers des impôts fut destiné à l'entretien des digues et des canaux si essentiels à la prospérité publique. Sous son administration, la fertilité de l'Égypte suppléa aux disettes de l'Arabie, et une suite de chameaux qui portoient du blé et d'autres provi-

I 2

sions, couvroient presque sans intervalle
la route de Memphis à Médine. Le génie
d'Amrou renouvela bientôt la communication du Nil à la mer Rouge qui avoit
été entreprise ou exécutée par les Pha-
raon, les Ptolémée et les César. Les
auteurs anglais de l'histoire universelle
pensent que ce fut l'ancien canal d'A-
drien qu'Amrou fit réparer. Ce canal
est le même qui de nos jours passe au
Caire, et qui va se perdre dans la cam-
pagne au nord-est du lac des Pélerins.
Colzoum, le *Clysma* des Grecs, où il
aboutissoit, est ruiné depuis plusieurs
siècles, mais le nom et l'emplacement
subsistent encore dans un monticule de
sable, de briques et de pierres, situé
à 300 pas au nord de Suès, sur le bord
de la mer, en face du gué qui conduit
à la source *d'El-Nabd*. Niebuhr et Volney ont visité cet endroit et les Arabes
leur ont dit qu'il s'appeloit *Colzoum*.

M. d'Anville, dans ses mémoires sur
L'Égypte ancienne et moderne, dit que
l'ambassadeur turc qui vint en France,

vers 1740, lui avoit assuré qu'on son-
geoit dans le divan aux moyens de r'ouvrir ce canal, et qu'il avoit été envoyé
par le grand seigneur sur les lieux pour
y prendre des renseignemens. *Ali-bey*
qui, dans ces derniers temps s'étoit emparé de l'Égypte, avoit le même dessein.

A peine reste-t-il actuellement des
vestiges de cette ancienne communication des mers, et le commerce de l'É-
gypte à la mer Rouge ne se fait plus
que par terre. Jadis ces cantons étoient
peuplés de villes qui ont disparu avec
les eaux du Nil. Les canaux qui l'apportoient sont détruits, parce que dans
ce terrein mouvant ils s'encombrent ra-
pidement et par l'action du vent et par
la cavalerie des Arabes Bedouins. Aujourd'hui le commerce du Caire avec
Suès ne s'exerce qu'au moyen de caravanes qui ont lieu lors de l'arrivée
et du départ des vaisseaux, c'est-à-dire,
sur la fin d'avril ou au commencement
de mai, et dans le cours de juillet et
d'août. Celle que Volney accompagna

I 3

en 1783 étoit composée d'environ trois
mille chameaux et de cinq à six mille
hommes. Elle resta plus de quarante
jours assemblée, différant son départ
par diverses raisons, entr'autres à cause
des jours malheureux, dont les turcs ont
la superstition comme les Romains. Enfin elle partit le 27 juillet et arriva le 29
à Suès, ayant marché 29 lieues par la
route des *Haoutats*, une lieue plus au
sud que le lac des Pélerins.

Suès est l'endroit du monde le plus
dénué de tout. Du haut des terrasses,
la vue portée sur la plaine sabloneuse
du nord et de l'ouest, ou sur les rochers
blanchâtres de l'Arabie à l'est, ou sur
la mer et le *Mogattam* dans le sud, ne
rencontre pas un arbre, pas un brin de
verdure où se reposer. Des sables jaunes
ou une pleine d'eau verdâtre, voilà tout
ce qu'offre le séjour de Suès; l'état de
ruine des maisons en augmente la tris-
tesse. Aussi lorsque les vaisseaux sont
partis, ne reste-t-il à Suès que le mamlouk
qui en est le gouverneur, et douze à

quinze personnes qui forment sa maison et la garnison. Sa forteresse est une masure sans défense, que les Arabes regardent comme une citadelle, à cause de six canons de bronze de quatre livres de balle, et de deux canonniers grecs, qui tirent en détournant la tête. Le port est un mauvais quai, où les plus petits bateaux ne peuvent aborder que dans la marée haute : c'est là néanmoins qu'on prend les marchandises pour les conduire, à travers les bancs de sables, aux vaisseaux qui mouillent dans la rade.

Si l'Egypte parvenoit jamais à avoir un bon gouvernement, elle éleveroit une autre ville dans la rade même, où il suffiroit de construire une chaussée de sept à huit pieds d'élévation seulement, attendu que la marée ne monte pas à plus de quatre ou cinq à l'ordinaire. Il répareroit ou nétoieroit le canal du Nil : pour éviter la barre si dangereuse de Rosette, il rendroit navigable celui d'Alexandrie, d'où les marchandises se verseroient immédiatement dans le port. Aucun peuple navigateur ne jouiroit d'une communication aussi prompte et si facile entre ses côtes et les régions les plus lointaines.

. Si jamais on pouvoit opérer ou renouveler cette jonction de la mer Rouge à la Méditerranée , le monde changeroit de face : la Chine et la France, par exemple , deviendroient voisines. Le brillant commerce des Anglais dans les mers des Indes tomberoit infailliblement, et l'on plaindroit la destinée des siècles barbares , où les Européens étoient obligés de faire le tour de l'Afrique pour aller en Asie.

Pour comprendre la différence qu'il y a entre l'une et l'autre route, il suffit de faire attention que le passage des vaisseaux de Marseille à Alexandrie n'est ordinairement que de quinze ou vingt jours, que les marchandises dont ces vaisseaux sont chargés viennent assez souvent en trois ou quatre jours au Caire; que du Caire au Suès, il n'y a que trois journées de distance , et que presque en tout temps, sur-tout dans la saison des moussons, on peut se rendre en trente ou trente-cinq jours de Suès à Surate. Ainsi, il ne seroit pas impossible, par cette voie, de faire passer en cinquante jours une lettre de Paris à Surate, et tout au plus il n'en faudroit que soixante. C'est ce dont conviennent les personnes éclairées, et qui sont au fait de cette matière. Il est à remarquer que l'isthme de Suès n'a qu'environ cinquante-cinq milles de largeur, suivant l'atlas de M. Bellin, et suivant la carte de M. d'Anville. Mais la distance, par mer, seroit de 220 degrés, chacun de 57 mille toises.

Un canal de communication entre la Méditerranée et la mer Rouge est un des plus intéressans pour la France, surtout depuis que, par ses nouvelles acquisitions, elle a un pied dans le Levant. Presqu'au centre de l'Europe, entre l'Océan et la Méditerranée, la France joint, par sa position et son étendue, aux forces d'une puissance de terre, les

avantages d'une puissance maritime. Elle
pourroit transporter toutes ses productions d'une mer à l'autre, sans passer par
le canon menaçant de Gibraltar. Ce canal, préférable au Pactole, verseroit
les richesses des Indes dans ses provinces
les plus riantes.

La France a droit de s'en promettre
des succès d'autant plus grands que, par
cette nouvelle direction, ce commerce
reprendroit la route où l'appelle la nature. Telle est la liaison entre les lois
physiques et morales, que la position
topographique doit jeter les premiers
fondemens des systêmes de l'esprit humain les plus favorables au bonheur.
Jamais carrière ne s'ouvrit plus brillante;
il ne s'agit rien moins que de former
un commerce nouveau dans le sol le
plus fécond, dans le site le plus heureux,
sous le plus beau climat de la terre, et
pour comble d'avantage, d'avoir à diriger ce commerce sur le plan même
de la nature, dont les dispositions sont
plus anciennes que les traités de paix,

et plus conformes à la prospérité de
chaque peuple. Voisins par la Méditerranée des limites qui séparent et joignent
pour ainsi dire l'Afrique, l'Asie et l'Europe, nous pouvons, sinon lier entr'eux
les habitans de la terre, du moins être
les médiateurs de leurs échanges, et communiquer à chaque nation les jouissances
de tous les climats. L'Egypte reprendroit
alors son rang dans les annales de l'histoire. On sait que ce pays est un de ceux
qui a eu le plus d'influence sur le reste
du monde ; il fut l'école d'Orphée et
d'Homère, de Pithagore et de Platon,
de Solon et de Lycurgue, il donna ses
obélisques à Rome, ses lois à la Grèce,
ses institutions religieuses à une partie de
l'Orient, ses colonies et ses usages à plusieurs contrées de l'Asie et de l'Europe.
Il n'eût presque sur tout que des idées
vastes. Ses ruines mêmes nous étonnent
et ses pyramides, qui subsistent depuis
quatre mille ans, semblent faire toucher
le voyageur aux premiers siècles du
monde.

De l'Imp. de LARAN, rue Neuve-des-Petits-Champs, n°. 81.

ERRATA.

Page 11, *lig.* 18, *au lieu de :* caractère indomptable, *lisez :* orgueil indomptable.

Page 72, *lig.* 5 : parut, *lisez :* paroît.

Page 120, *lig.* 14 : longueur, *lisez :* largeur.

Page 138, *lig.* 3 : passer par, *lisez :* passer sous.

www.ingramcontent.com/pod-product-compliance
Lightning Source LLC
Chambersburg PA
CBHW071905200326
41519CB00016B/4513